最高の未来に変える

振り返りノート習慣

CHANGE TO THE BEST FUTURE

MEANING NOTE METHOD

山田智恵

YAMADA TOMOE

かんき出版

はじめに

あなたは、「自分らしく生きたい」「もっと自分の良さを活かしたい」と思ったことはありませんか？

人生を豊かに生きるためには、「自分を知ること」が鍵となります。

でも、自分のことを知るのはとても難しい。

なぜなら、自分の内面は見えないからです。

そもそも、人は自分の外見ですら、鏡を使わないと見ることができません。

ビデオ会議で、自分がどんな表情で話しているのか見て驚いたことはないでしょうか？

私はあります。真剣に相手の話を聞いていたら、いつの間にか眉間にしわを寄せていました。自分の顔を見て「えっ？　私、こんな険しい顔してた？」とギョッとしたことが何度もあります。

外見だって道具がないと見えないのだから、内面を知るにも道具が必要です。
実はその道具が身近なところにありました。ノートです。

ノートは、内面を映す鏡となります。

ノートに書き、振り返ることで、心の内に秘めた想い、どう生きたいと思っているのか、自分の関心、思考パターンや行動のクセ、自分の根っこにある信念が見えてきます。

ここで、ノートを振り返ることで人生を変えた方のエピソードをご紹介します。

Tさんは、日本を代表する大企業で16年間働いていました。真面目で、責任感があり、仕事をやりきるTさんは、会社派遣でアメリカの大学院に留学し、社内でも順調に出世して管理職になりました。

でも、Tさんは管理職の仕事は合わないと感じ、長い間会社に不満を持ちながら過ごしていました。好きな技術の仕事をする時間は激減し、マネジメント業務に追われて、毎日が苦しくて、眠れなくなり、体重も激減。何度も転職をしようと考えました。

それなのに、なぜか一歩が踏み出せない。

そんなときに、Tさんは振り返る習慣をはじめました。

ノートに自分の想いを書いて、自分がなぜ苦しい環境に踏みとどまっているのかを考えはじめたのです。

お金のことが心配、転職してもうまくいくかわからない、せっかくこれまで頑張ってきたことが無になるのではないか、みんなにどう思われるのか……、いろんな不安がうずまいていました。

ノートを見返して、自分に問いかける日々。すると次第に、心の奥底にある葛藤が見えてきました。自分の足を止める大きな原因、それは、すでに他界された両親の「安定した大企業で働いて欲しい」という期待だったのです。

彼の両親は厳しい方でした。

お母さまは、Tさんがいい成績を収め、いい大学に入り、安定した大企業で順当に出世していくことを、何よりも喜んでいました。「お前は母さんの最高傑作だ」と言われたこともあるそうです。

だから大企業を出て、自分のやりたいことをするという選択肢は、母親の期待を裏切ることのように思えていました。すでに両親は他界されています。それでもTさんは、ずっと親の期待に沿った生き方をして、苦しんでいたのです。

こういった心の奥底にあった葛藤が、ノートを振り返ることで見えてきました。葛藤の原因までたどり着くと、「じゃあ、どうしよう」と次を考えることができるのです。

Tさんも、ふと現実を見てみました。

もう両親はいない。
奥さんは「やりたいことをやった方がいい」と応援してくれている。
かわいい子どもたちには、毎日楽しそうに仕事をしている姿を見せたい。
自分はもっと技術の仕事に取り組みたい。

ここまで自分の内面が見えてくることで、Tさんは技術力を活かせるベンチャー企業に転職するという大きな決断をすることができました。

大企業からベンチャーに転職するのは珍しい話でもないかもしれません。でも、Tさんにとっては、葛藤を乗り越え、自分の価値観で人生を決めた大きな一歩だったのです。

私の実体験も紹介します。

私は、父親が経営していた会社が民事再生となり、一家全員無職となって、人生に絶望したことがあります。そのときから、チャンスを見つけたいと考えて、毎日ノートにチャンスだと感じたことを記録しはじめました。そして、書くだけでなく、1日に何度もノートを開いて、見返していました。ノートを開くたびに発見があり、自分という人間がどういう人間なのかが、はじめてわかったのです。

今どんな縁がきているのか、自分にどんな良さがあるのか、自分が落ち込みやすいパターンは何か、腹の底から望んでいることは何か……。自分という人間が前よりずっとわかるようになり、自分に「あるもの（持っているもの）」を活かせるようになりました。それから人生が一気に好転しはじめたのです。

私は、一部上場企業の部長職や、外資系スタートアップの役員を経て、2019年に『ミーニング・ノート　1日3つ、チャンスを書くと進む道が見えてくる』（金風舎）という本を執筆しました。そして、この本をきっかけに、ジャーナリング（記録）とリフレクション（振り返り）により人生を切り開くサポートを仕事としています。

この仕事をはじめてわかったのは、多くの方が「書く」ことはできるのに、「振り返り」は苦手意識が強くなかなか習慣化できない、ということです。

自分自身を振り返る内省は、自分とコミュニケーションをとる方法とも言えますが、具体的なやり方も、習慣化する方法も、学校や会社では教えてくれません。だから苦手意識を持ってしまうのです。

そこで、私は毎週のように「振り返り会」を開催し、5000人以上の方に指導してきました。そして、私自身いろいろ試してきた中で、人生を変える気づきを短時間で得られる具体的な方法がわかりました。本書では、それをお伝えします。

ローマ皇帝のマルクス・アウレリウスは、自分のために日記を書いていました。その日記を編集したものは『自省録』という本で出版されており、現代の私たちも読むことができます。この日記には、自分自身に向けて、言い聞かせている言葉が並んでいます。

- 未来を思い煩うな。必要あらば、現在役立ちうる知性の剣にて十分に未来に立ち向かわん。
- いい人間のあり方を論じるのはもう終わりにして、そろそろいい人間になったらどうだ。
- 人の一生は短い。君の人生はもうほとんど終わりに近づいているのに、君は自分に尊敬をはらわず、君の幸福を他人の魂の中に置くことをしているのだ。

マルクス・アウレリウスが生きていたのは、戦争が多かったり、疫病が広がったりと、困難なことが多い時代でした。この難しい状況の中で、皇帝という立場上、本音で相談できる人も少なかったのでしょう。皇帝は、自分のために言葉を綴り、何度も読み返し、自分を癒し、励まし、鼓舞していたのだと思います。

皇帝のような特殊な立場でなくても、誰でも、最後は自分自身で人生を決めなくてはいけません。そのときに、自分で心のケアや思考の整理ができて、人生の行動指針が見えてくる振り返りのスキルは必ず役に立ちます。こんなにも効果が高い方法はありません。

内省のやり方を知らないと、自分の心の声を無視し続けたり、自分とできもしない約束

をしたり、過剰な期待をして勝手に失望したりしてしまいます。ひどいときは、自分を罵倒したり、夢の中まで追いかけて責め続けてしまうこともあるでしょう。このように、他人には絶対にしないようなひどいことを、自分に対しては平気でやってしまうことがあります。

今の時代は、ネットやSNSにあふれる膨大な情報の処理と、他者とのコミュニケーションをとることに偏りすぎているため、自分を内省する時間は意識してとらないとほぼゼロになってしまいます。

たった数分でいいので、振り返る時間を持つことを習慣化してみてください。

振り返りとは、自分を知るだけにとどまらず、自分といい関係を築き、自分を大切にし、人生を豊かにするスキルでもあるのです。学んで、習慣化することで、誰でも習得することができます。一緒に学んで、今日から振り返ることをはじめてみましょう。

山田智恵

第1章 あなたの財産が見つかる

第2章 7つの振り返りスキル

第3章 ワンデー振り返り

第4章

ウィークリー振り返りとマンスリー振り返り

第5章 習慣化のコツ

第6章 振り返りのその先へ

◎カバーデザイン　西垂水敦・内田裕乃（krran）
◎本文デザイン　二ノ宮匡（nixinc）
◎イラスト　ヤマサキミノリ
◎DTP　マーリンクレイン
◎校正　鴎来堂

第1章

あなたの財産が見つかる

1 「振り返り」に対する大きな誤解

「準備が足りませんでした。もっと改善します」

「相手のことを配慮する気持ちが欠けていました。普段から意識しようと思います」

「振り返り」と聞くと、このように「何がダメだったのか」に着目して、反省するイメージを持っていないでしょうか？

学生時代には先生に、社会人になってからは上司に、自分のできていないことを述べなければいけなかった、という経験を持っている人も多いと思います。

この反省会的な振り返りは、謙虚とも言えますが、多くの方にとっては自信を失う時間になっています。何よりも、楽しくない。

自分のダメなこと、できないことを探し出して、その理由を探るなんて、拷問のような時間です。「振り返り」と聞くだけで、「今日は疲れてるから、勘弁して」と思ってしまうのも仕方ないと思います。

中には、一人ブラック企業のようになり、到底できない量のタスクを自分に課し、「またできなかった！　なんて怠け者なんだ！」と、自分を責め続けるような方もいます。
これは心の中でやっているので、他人からは見えません。だから誰も止めることができず、エスカレートしがちです。夢の中まで自分をネチネチと責め続けることさえあります。

「振り返り」と聞いて苦手意識がある方は、こういったイメージを持っている場合が多いのです。この苦しくてつまらない振り返りのイメージを、ガラッと変えていきましょう。
本書は、「自分のダメなところを直そう」とか「自分に足りていないものを付け加えよう」という考え方には立っていません。自分に「あるもの」を探し出し、自分という素材を最大限活かしていくという考え方に立っています。

あなたがノートに書き出す言葉には、「あなたがどう生きたいのか」「何を悩んでいるのか」「あなたにどんな才能があるのか」「あなたにどんな縁があるのか」など、人生を生きるための大切なヒントがたくさん潜んでいます。磨けばダイヤモンドになるようなご縁や、ひとつひとつ見たら砂金のような小さな粒だけど集まれば金の延べ棒になるような経験、素敵な額縁に入れれば名画になるようなアイデアをあなたは持っているのです。

振り返りをしてみると、あなたはすでに一生を使っても使いきれないほどの、多くの財産を持っていることが見えてくるでしょう。

財産と聞くと、お金をイメージしてしまうかもしれませんが、お金には一瞬でなくなってしまう、もろい面があります。

私は、父の会社が民事再生になったときに、お金も、社会的信頼も、人間関係も、一瞬でなくなってしまうものだと驚きました。金の切れ目が縁の切れ目とも言いますよね。あっけないものです。

当時、私はすべてがなくなってしまったと思っていたのですが、実はそうではありませんでした。自分の経験や知恵、想いといった、自分の中にあるものは失うことがありません。それらは誰にも奪われない、そして、何度でも人生を切り開くことができる強固な財産なのです。

大切なのは、自分がどんな財産を持っているのか、はっきりと自覚することです。「なんとなくわかっている」ではダメです。自覚することではじめて意識的に使えるようになるからです。

例えば、あなたは白シャツがとても似合うとします。あなたがそれを自覚していたら、「勝負の日は、白シャツを着ていこう」と選ぶことができます。でも、何が似合うか無自覚だと、その日の気分で青いシャツを選んでしまうかもしれません。自覚していないと、自分の良さを活かすことが偶然に任されてしまうのです。

そして、忘れたい黒歴史すらも自分の大事な財産であることに気づくはずです。

私の一家全員無職となった話は、9年間誰にも話したことがありませんでした。それを知られることは、自分にとってマイナスになると思っていたからです。でも今やその経験を講演で話すと、「勇気をもらいました！」と感動してもらえる私の財産となっています。人生がけっぷちとなった経験でしたが、その経験がなかったら、この本も生まれていません。黒歴史だと思っていたことが、かけがえのない宝に変わることなんて、よくあることなのです。

自分に「あるもの」はすべてあなたの財産です。謙虚になる必要はゼロ。重箱の隅をつつくように探して、すべて使いましょう。

自分にあるものすべてを使うことが、自分を最大限生きるということだと思います。

2 目標はなくてもいい

「振り返り」と聞くと、目標と現実のギャップを認識するやり方を思い浮かべる方もいるかもしれません。しかし、本書の提案する振り返りは目標不要です。

私も、人生を良くするために、何度も目標設定をしてきた時期があります。

毎年、新年にこんなことを書いていました。

- 英語を話せるようになる！
- 週に2回はジムに通って体力UP！
- 自炊回数を増やして、健康的な食生活に！
- いろんな人と知り合って、刺激を増やす！

もしかして、あなたも似たようなことを書いたことがありませんか？

言葉だけではなく、ビジュアル化した方がいいと聞いて、自分の夢のイメージに近い写真をペタペタと貼るビジョンボードなるものを作ったこともあります。成功に近づくために必要なことだと思っていました。

ところが、あるとき私は、あることに気がついて、愕然としました。

なんと、私は6年間、毎年同じ目標を書いていたのです。同じことを書き続けて、実現するどころか、行動もまったくできていませんでした。

思わず、心の中で叫びました。

「意味ないじゃん！」

叶いもしないし、何より、自分がダメ人間に思えてくる。いったい目標って、何のためにあるんだろう……。ふつふつと怒りが湧いてきました。

その年から、私は目標設定をやめました。

そして、目標設定をやめた代わりに、ノートの振り返りに時間を使うようにしました。

今日、自分にどんなチャンスがきたのか？　ゴミのようにしか見えない経験でも何を得たのか真剣に考えたり、出会った人たちと何ができるだろうと想像を膨らませたりと、今「あるもの」を活かすことに集中しはじめたのです。

未来の行き先が見えないと怖く感じるので、つい目標を定めたくなるのですが、それを手放して運に任せようと決めました。

そうしたら、自分でもまったく想像もしていなかった未来が待っていました。大企業で昇進することも、本を書くことも、起業することも、講演が仕事になることも、自分のコミュニティを持つことも、自分にできるとは想像すらしていなかったことが、どんどん実現できるようになったのです。

よく「自分が考えたことしか実現できない」って言いますが、そんなことないと心底思いました。人生には、自分が考えてもいなかったことも起きます。

だから、力強く伝えたい。

目標設定しなくても、「自分にあるもの」を見つけ出し、それを活かすことで、想像以上の未来にたどり着くことができます！

経営学で「エフェクチュエーション」という考え方があります。

サラス・サラスバシーという経営学の博士が、優れた起業家の思考法を研究したところ、これまで考えられていた成功法則とは真逆の法則があることがわかったのです。それは、「優れた起業家は、目標を設定し、そこから逆算して計画を作成する逆算型思考ではなく、**手持ちの手段から新しいゴールを発見していく思考法である**」ということです。

これは、本書の「あるもの」を活かす思考と、とても似ている考え方です。

自己啓発だけでなく、ビジネスの世界でも、こういった考え方が主流になってきています。


目標設定型の生き方がうまくいかなかった方には、自分に今「あるもの」を見つけ出し、それを活かす生き方をおすすめします。

そもそも目標というのは、自分の知っている範囲でしか立てられません。自分のまだ見ぬ可能性は、目標に入れられないのです。自分の知っている範囲で考えつく目標に固執することで、自分の選択肢を狭めてしまう可能性もあります。今の自分が持っている、たくさんの「あるもの」に目を向けてみましょう。

3 振り返りで徐々に見えていく自分の内面

本書でお伝えするウィークリー振り返りとマンスリー振り返りを続けると、大きく3つのステップを経て、「徐々に」自分の内面が見えてきます。このステップを木にたとえながら説明したいと思います。具体的な振り返りの方法は後ほど解説するので、まずは振り返りの効果をざっくりつかんでください。

① 葉っぱが見える期間

振り返りを習慣化すると、まず「自分の頭・心・体の状態」がわかり、「最近の自分が気になっていること」「大切な人」が見えてきます。

木で言うと、葉っぱの部分にあたります。葉っぱなので、どんどん生え変わります。

この期間は、自分の思考や感情である「内なる声」を聞くことに慣れる期間です。自分が日々、何を感じ、何を考えているのか、言語化していきましょう。

この期間は3カ月から半年ほど続きます。自分の思考や感情を打ち消さずに、素直に耳を傾けてみてください。この振り返りを誰かに見せるわけではないにもかかわらず、変にかっこつけたり、当たり障りのない言い方にしたり、思ってもいない優等生的な考えに自分を持っていこうとすることもあると思います。そういう自分に気づくことも、大切な発見です。どっしりと構えて、いろんな自分を受け止めてみましょう。

「頭・心・体の状態」が見えてくる

振り返りをすると自分の頭・心・体の状態が見えてきます。自分のコンディションを把握するこ

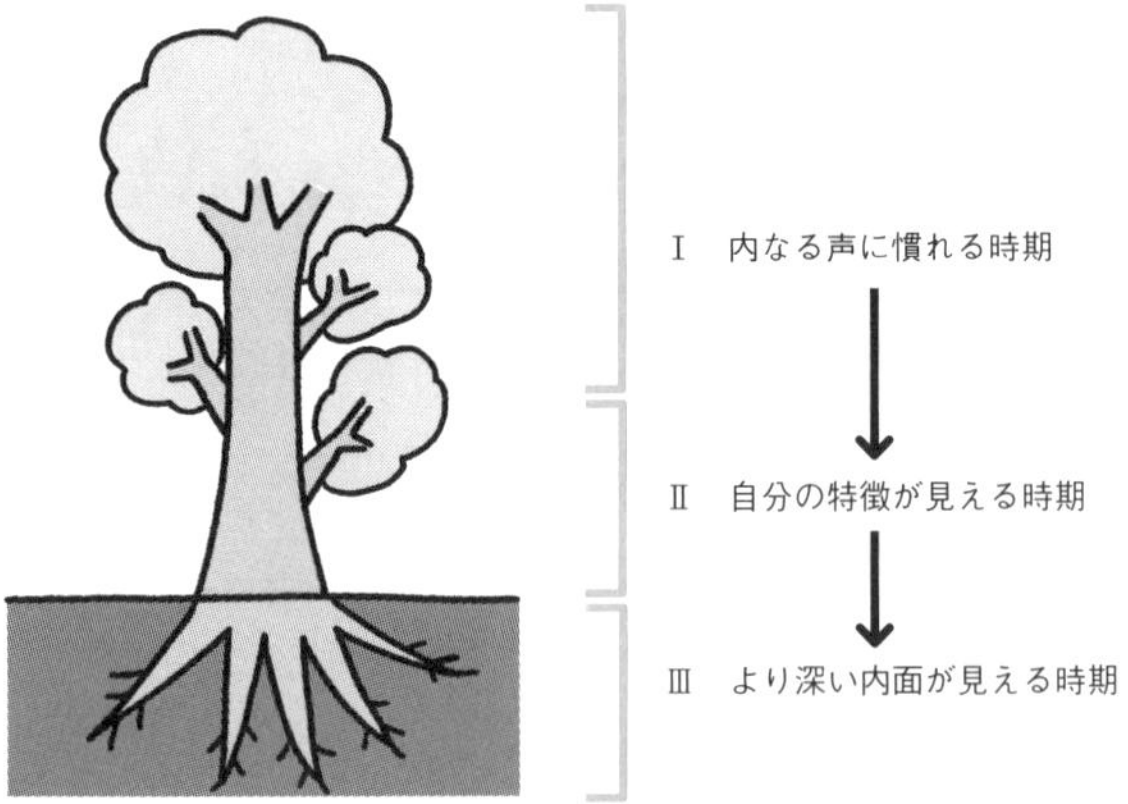

Ⅰ　内なる声に慣れる時期
Ⅱ　自分の特徴が見える時期
Ⅲ　より深い内面が見える時期

とは、自分を理解する第一歩になります。

例　いい気持ちで仕事できた1週間だった。火曜日の会議でやった進行役がうまくいったことが、大きな自信になっているかも。

例　今週は、頭痛が多かった。気圧のせい？　毎年この時期は調子が良くない。

「気になっていること」が見えてくる

あなたのノートに書かれるものは、あなたが気になったもののリストとも言えます。ノートには、バラバラにいろんなことが書かれると思いますが、その中でも今の自分が何に気になっているかが見えてきます。

例　「今後どうするんですか？」って今月は2回も聞かれている。今後について考えるタイミングなのかも？

例　京都に移住する人のブログを読んだ。頭から離れない。自由な生き方が羨ましい。

「大切な人・キーパーソン」が見えてくる

人生における大切な人を改めて確認したり、実は日々支えてくれる人や、ちょっとした助けをしてくれる人、何かを大きく進展させるためのキーパーソンに気がつくことができます。

例　東さんに紹介してもらった人は、いい仕事につながることが多いかも！

例　家族と楽しい時間を過ごせると、たいていの悩みはどうでもよくなる。大事な存在。

②　幹が見える期間

内なる声を言語化することに慣れてくると、徐々に「自分が関心あること」や「強み・得意なこと」「自分の思考パターン・行動パターン」が見えてきます。

木で言うと、幹の部分にあたるイメージです。枝葉よりも、もっとどっしりとした自分の特徴や価値観が見えてきます。

行動が少しずつ積極的になってくるのも、この頃の特徴です。内なる声を聞くことに慣れてくると、自分が行動したいことがわかるようになり、軽やかさが出てきます。また反対に、自分が居心地悪く感じることもわかるようになってきて、そういう行動をとらないように注意する方もいるでしょう。自分に合わないこと、嫌なことが見えてくるので、自分をいい状態に保つことができるようになってきます。

「関心のあること」が見えてくる

自分が何に関心を持っているかを自覚していない方は、実はとても多いのです。自分にとって当たり前すぎて、特別なことと思っていないからです。

例えば、私自身、ノートが好きであることは、長年無自覚でした。人に指摘されても「ノート？　まぁ、たしかに好きかも」と思うくらいでした。今は、それを使って仕事をしていますが、無自覚だったときには考えつきもしませんでした。

関心があるものや好きなことは、自然と行動していることが多いのですが、自覚して意識することで、より一層情報が集まり、行動も広がっていきます。

例　スケジュール管理の方法を極めたい。細かいタスクから大きめのタスクまで、もっ

とうまく管理できたら、自分に自信がつきそう。

例　女性のリーダーのファッションを研究したい。型にはまったキャリア服だけでなく、いろんなパターンを知りたい！

「強み・得意」が見えてくる

自分の強みや得意なことがわかってきて、今後どのように活かせるかを考えることができるようになります。1個だけだと弱くても、何個かかけ合わさることで強い武器になることもあります。

例　チームメンバーから、「1 on 1がいい時間になっている」と言われた。一人一人と向き合うリーダースタイルが向いているのかも？

例　北川さんにブログを褒められた。そんなに苦労して書いたわけじゃないのに。文章が得意なのかもしれない。

「思考パターン・行動パターン」が見えてくる

何度も繰り返している思考パターンや行動パターンというものが、誰にでもあります。例えば、「自分を誇らしく感じる」などの増やしたいポジティブなパターンもあれば、「落ち込みやすい」「カッとなりやすい」といった減らしたいパターンもあると思います。振り返ると、自分がよく繰り返しているパターンが見えてきます。

例　勇気を出して、ストレートに意見をぶつけたときは、後悔をしたことがない。むしろ自信になっている。

例　決めつけてくる言い方に、ついイラッとしてしまう。「怒るなんて、あなたらしくない」「身の丈に合わせた方がいいよ」と言われると、自分を押し込められる感覚がある。

③根っこが見える期間

さらに深く、根っこが見える期間に入っていきます。自分の深いところにたどり着いた感じがあるでしょう。

「自分の思考パターン・行動パターンを生み出しているもの」が見えたり、「自分がどう生きたいのか、どういう人でありたいと思っているのか」という望み・想いが見えてきます。

このタイミングで、転職や起業を決意したり、大きな決断をしたりする方も多いです。

「思考・行動パターンを生み出しているもの」が見えてくる

幹のところで説明した思考パターン・行動パターンを生み出しているもととなるものにたどり着くことができます。それは、あなたが大切にしている信念や、無意識に鎮座している固定観念です。それをより一層大切にしたいのか、それとも新しいパターンを手に入れるために手放したいのか、自分の選択ができるようになります。

例 私がやりたいことを止める人は、実際は誰もいない。自分自身が止めていることに気がついた。やりたいことをやってみよう。

例 何ごとも「一人で完成させないといけない」と、心のどこかで思っていた。でも、チームワークで成功する人もいる。一人でやりきることだけを重視する必要はないのかもしれない。

「望み・想い」が見えてくる

何をしたいのか？　どう生きたいのか？　どうありたいのか？　「こうあるべき」「こう生きるべき」という他人軸の「べき」から離れて、自分の素直な望みが見えてきます。

自分が何度も書いているキーワードから「自分のありたい姿」に気づく方が多くいます。ノートの中に頻出しているキーワードに、ぜひ注意してみてください。

また、「こうはなりたくない」「こういうことはしたくない」という自分が嫌だと感じることから、逆に「ありたい姿」や「したいこと」に気づくこともあります。

この根っこの部分が見えてくると、行動に移すまでのスピードはだいぶ速くなっていきます。

例　自分の事業を立ち上げてみたい！　副業からスタートしていつか起業したい。

例　ずっと大好きだったイラストを描く時間を、子どもが生まれてから封印していた。どこかで「自分のために時間を使ってはいけない。子育てに専念すべきだ」と思い込んでいたからかもしれない。でも、私が楽しい毎日を送った方が、子どもにもいい影響を与えるはずだ。もう一度再開してみよう。

以上のように大きく3つの期間を経て、自分に対する理解が徐々に深まっていきます。いきなり根っこにたどり着くわけではなく、葉っぱからアプローチすることで、次第に幹が見えてきて、根っこまでたどり着くので、焦らずに続けてみてください。

また、幹や根っこも、どんどん変化していきます。新しい根っこが生えることもあるでしょう。ですから一度たどり着いたらおしまい、ではないのです。自分の幹や根っこの変化も、振り返りを習慣化することで追いかけていきましょう。

4 書くことの効果

本書の振り返り方法は、「書く」と「振り返る」を分けてやります。

書くだけではなく、「書いたことを振り返る」ところが大切なのです。


なぜ、書くだけではダメで、振り返る必要があるのか？

これには明確な理由があります。

まずは、書くことの効果を理解しましょう。


書くことの重要な効果は、感情を言語化し、気持ちが整理されることにあります。

泣いている赤ちゃんを想像してみてください。

赤ちゃんが泣いたら、親は「あれ？　何か不快なことがあるのかな？」と異変を察知して、「お腹が空いたのかな？」「おむつが汚れたのかな？」と不快を生み出している原因を探ります。

赤ちゃんは言葉を話せないので、泣くことで不快を伝えようとしますが、実は、生まれたばかりの赤ちゃんは、そもそも自分が何を不快に感じているか自分では特定できていないそうです。お腹が空いているのか、眠いのか、痒いのか、自分では認識できていません。赤ちゃんの気持ちを代弁すると、「何が気持ち悪いのかわからないけれど、なんか不快！助けて！」といった感じでしょうか。


考えてみてください。

これって、赤ちゃんだけの話でしょうか？

大人にも似たような状況はよくあると思いませんか？

嬉しいことも、危機的な状況も、心が動いたありとあらゆることを「やばい」の一言で表現したり、腹が立ったことを「なんか、ムカつく！」だけで終わらせていることは、多くの方が経験していると思います。

いったい何に心が動いているのか、それは悲しみなのか、怒りなのかを自分でもわかっていない。これは、何が不快かを自分でもわかっていない赤ちゃんと同じなのだと思います。

自分の感情をより詳しく表現できる人の方が、よりストレスに強いという研究結果があります。感情を詳しく表現できると、脳が混乱せず、メンタルが安定するのです。

自分の感情をより細かく特定していくことに、書くことが役立ちます。

何を恐れているのか言語化することで、緊張から解放された私の事例をご紹介します。

あるとき、私は著名な大学教授と対談する機会をいただきました。この対談の1週間前から、私はとても緊張していました。1週間の内、3回も先生が夢に出てくるほど、常に対談のことで頭がいっぱいでした。でも、私

は「あ～、緊張する～」というところで止まったままで、いったい何に緊張しているのかまで考えていませんでした。

当日、緊張しすぎてお腹が痛くなってきたので「私は、いったい何にこんなに緊張するのか？　いったい何を怖がっているのか？」を書き出してみることにしました。まず、頭に浮かんだのは、これでした。

みんなの前で話せるかが心配？

まぁ、それもなくはないのですが、いつも一人で話しているときとは違う緊張だったので、もっと他にも理由があるなと考えました。次に思い浮かんだのは、これです。

先生と盛り上がらないことが心配？

これは、これで心配だなと思いました。ただ、なんだか、まだ確信にたどり着いていない感じがする。さらに考えて、盛り上がらないってどういうことだろう？　と考えてみたら、こんな答えが出てきました。

先生の話したことを、私が理解できずに、反応できなかったら困る！

ここまでたどり着いて「これだ！」と納得しました。先生に難しい話をされて、私が理解できずに、ポカンとしてしまうと、その場をどうやって進めればいいかわからなくなってしまいます。こうなることが一番怖いことだ！　と緊張の原因を突き止めることができました。次に、ここまで言語化できると、「じゃ、実際にそうなったらどうする？」と考えてみることができます。

もし理解できなかったら、「わからなかったので、もう少し詳しく教えてください」って言ってみよう。そんなことで先生は怒るわけがない。

こう決めたら、「じゃあ、何も怖いことはない！」と思えて、心が落ち着いたのです。結果、対談は盛り上がり、とてもいい経験になりました。

「なんだか、緊張する！」で止まっていたときは、いったい何が怖くて緊張しているのかわからずに、頭が混乱している状態でした。でも、何が怖いのかを言語化して、突き止めたおかげで、「じゃあ、どうする？」という次のことを考えることができたのです。

毎日、書き出すことで、言語化は上達していきます。

最初の頃は「やばい」の一言しか書けなかった人も、もっと詳しく書きたくなって、自然と「何がやばいのか」「なぜやばいと感じたのか？」など言語化の粒度が高くなっていきます。自分の考え・想いをよりクリアに言語化していけるようになります。

これが書く効果です。

書くだけでも、頭と心がスッキリします。この効果のために書き続けている方も多いと思います。それくらい大切な効果なのです。

5 振り返りの効果

書いておしまいにするのではなく、書いたことをもう一度振り返りましょう。

なぜなら、書くだけでは見えなかったものが、振り返りではじめて見えてくるからです。

特に幹と根っこにあたる部分は、振り返りでしか見えてきません。

なぜ振り返りでしか見えてこないのか、明確な理由があります。

時間を置くと、より冷静になって、見える範囲が広がる

夜に書いた手紙やポエムを朝に読み返してみたら、「うわ！　恥ずかしすぎる！」と赤面したことはないでしょうか？　自分の世界に浸りすぎていたり、思い込みが激しすぎたり。夜中に書いたラブレターなんて、読めたものじゃないですよね。

これは、時間が経つことで、「そのとき」の感情に囚われず、客観的に自分や状況を見ら

れるようになるからです。

怒りのメッセージを送る場合も、その日に送らず、一晩寝かせて、もう一度読み返した方がいいというのも有名な話です。少し時間を置くことで、自分の視点だけではなく、受け取った相手がどう感じるかということも見えてきますよね。時間が経つことで、冷静になり、見える範囲が広がります。

本書が提案するのは、1週間が終わったタイミング、1カ月が終わったタイミングで書いたことをもう一度振り返る方法です。

出来事の当日は、どうしても感情に支配されてしまうので、冷静になれないことも多いものです。かといって、時間が経ちすぎると忘れてしまうので、1週間、1カ月という単位で振り返るのが最適なのです。より、くっきりと自分のことが見えてきます。

複数の事象が記載されたデータベースを振り返ることで、自分の傾向が見えてくる

ウィークリー振り返りとマンスリー振り返りでは、日々の記録をもとに振り返っていき

ますが、日々の記録を書きためたノートは、あなたの内面と行動を映し出すデータベースになります。

単発の事象では傾向は見えてきません。複数の事象の蓄積があると、あなたの傾向がはじめて見えてきます。

例えば……

自分は何に関心があるのか？
自分を成長させてくれるキーパーソンは誰なのか？
何度も繰り返している思考パターンはどういうものなのか？

ノートを書きっぱなしにせず、データベースとして振り返ることで、こういった自分の傾向や特徴がはっきりと見えてきます。さらに振り返りを続けることで、自分の傾向を生み出している、自分の信念や固定観念までも見えてきます。

このような深い振り返りをするには、あいまいな「記憶」では不可能で、「記録」が必要になります。

人間はどんどん忘れてしまう生き物です。1日の75％の出来事を忘れてしまうと言われています。覚えていることの方が少ないのです。昨日何をしたのかも、思い出すのは大変なのに、2日前のことなんて、スケジュール帳を見ないと思い出せないでしょう。

まだ記憶が鮮明な、その日の内に書いた記録をためていき、そのデータベースをもとに振り返ることで、より正確に自分の思考や行動を認識することができます。

これが振り返りの効果です。続けることで効果をより実感してくるでしょう。

6 本書で学べる7つのスキルと3種類の振り返りフォーマット

① 7つの振り返りスキル

はじめにでもお伝えしましたが、振り返りが苦手だと感じる方が多いのは、何をどう振り返ればいいかがわからないからです。そこで本書では、7つのスキルという形で振り返りを深める方法をまとめました。

この7つのスキルを身につけることで、思考・感情といった内なる声を言語化し、行動を加速させていくことができます。

また、出来事をどう捉えるか、自分をどう捉えるか、という認識自体を鍛えることができます。

これはスキルなので、訓練することで必ず上達していきます。

第2章で、それぞれがどんなスキルなのかをきっちり理解したうえで、第3章のワンデー振り返り、第4章のウィークリー振り返り・マンスリー振り返りを実践していきましょう。

7つの振り返りスキル

スキル 1
切り分ける

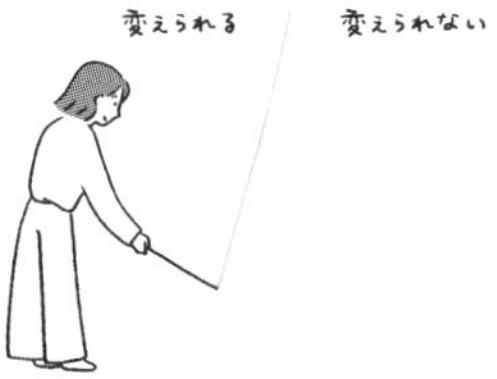

スキル 2
意味づける

スキル 3
絞る

スキル 4
つなげる

スキル 5
抽象化

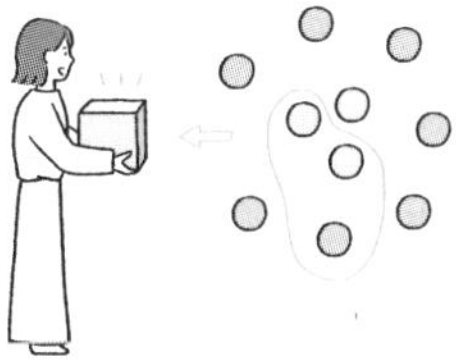

スキル 6
具体化

スキル 7
メガネをかけかえる

② 3種類の振り返りフォーマット

ワンデー振り返り

ワンデー振り返りは、ひとつの出来事を深く振り返ります。1日で完結できる振り返りなので、ワンデー振り返りと名づけました。毎日記録を取る必要がないので、気軽に振り返りをすることができます。第3章で詳しく学んでいきましょう。

ウィークリー振り返り・マンスリー振り返り

ウィークリー振り返りとマンスリー振り返りは、毎日の記録をもとに振り返ります。毎日の記録を1週間単位で振り返るのがウィークリー振り返りで、1カ月単位で振り返るのがマンスリー振り返りです。毎日の記録は、世界でひとつの「あなたという人間のデータベース」になります。ウィークリー振り返りとマンスリー振り返りは、このデータベースをもとに振り返るので、自分をより広く、深く理解することができます。第4章で詳しく学んでいきましょう。

3種類の振り返りフォーマット

ワンデー振り返り

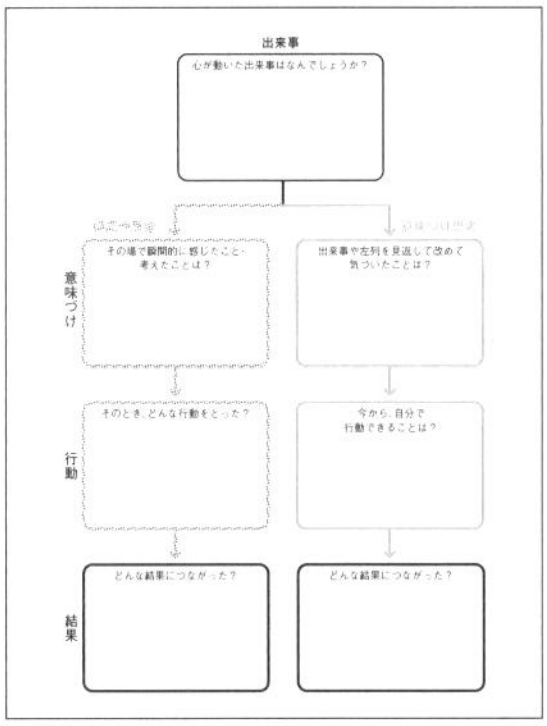

ひとつの出来事を振り返る

（第3章で詳しく解説します）

ウィークリー振り返り　　マンスリー振り返り

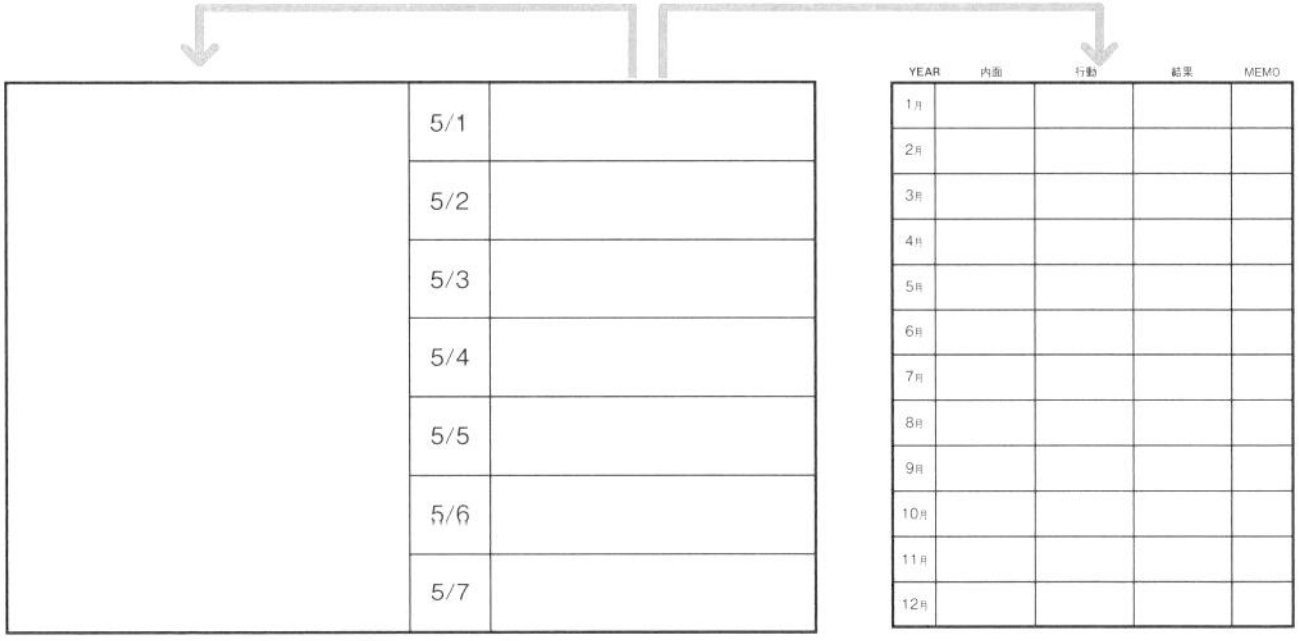

1週間分の記録をもとに振り返る　　毎日の記録を記す　　1カ月分の記録をもとに振り返る

（第４章で詳しく解説します）

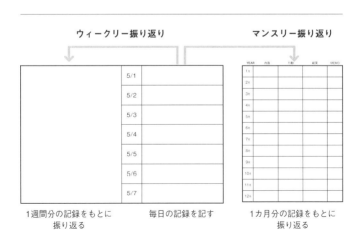

第2章

7つの振り返りスキル

1 スキル1：切り分ける

この章では、振り返るための7つのスキルをお伝えします。

この7つのスキルを高めることで、思考力が高まり、人生を切り開くサバイバル力にもなります。それでは、ひとつひとつじっくり見ていきましょう。

ひとつ目は、「自分で変えられること」と「変えられないこと」を切り分けるスキルです。

切り分けるスキルによって、自分にできることを見つけ出し、そこに力を注ぐことができるようになります。

多くの人が、自分で変えられないことに苦しんだり、心配したりしています。

他人の考えや行動について考えたり、もはや変えられない過去のことを何度も思い出したり……。自分では変えられないことばかり考えて、自分でできることには手がつかない、ということもよくあります。


なぜそんなことを繰り返してしまうのか？

それもそのはず、人間の頭の中はぐちゃぐちゃで整理されていないからです。

人から聞いたことなのか、自分で考えたことなのかがわからなくなったり、まだ起きてもいない未来のことを、今すでに起きているネガティブなことと捉えて恐怖を感じたりすることはありませんか？

こんな風に頭の中は、いろんなものが混ぜこぜになっているので、自分が変えられること、変えられないことの境界線もわからなくなって

切り分ける

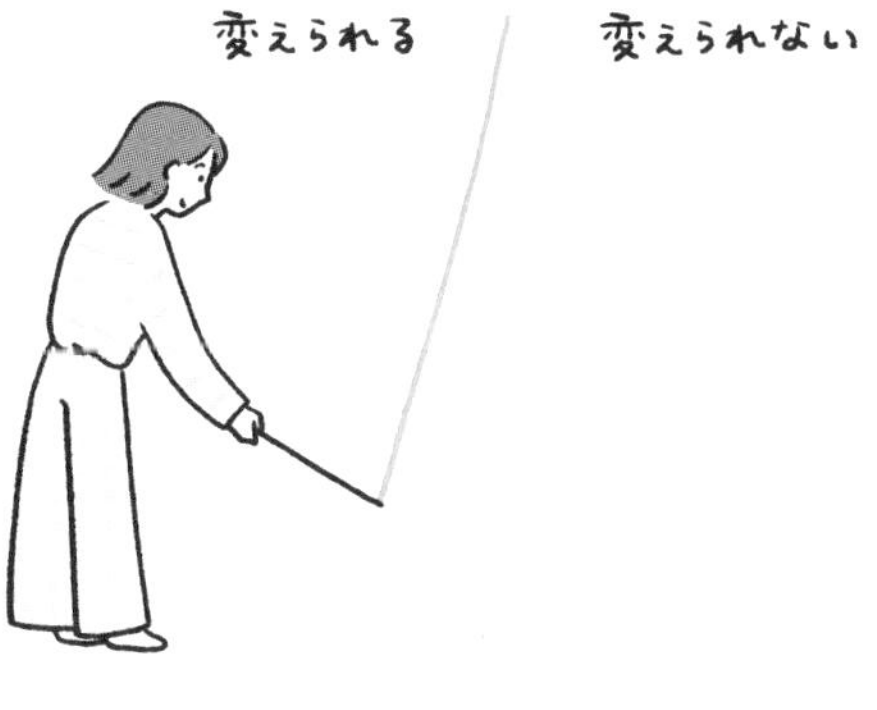

しまうのです。

だから、頭の中だけで考えるのではなく、ちゃんと書き出して振り返ることが必要です。そうすることで、はじめて切り分けることができ、自分のできることは何かが見えてきます。

それでは、次の４つを切り分けてみましょう。

① 出来事と主観

すでに起きた「出来事」と、「主観」を切り分けます。

「出来事」は変えられません。でも、その「出来事」をどう捉えるのか、あなたの「主観」は自由に変えられます。

例えば、「最近投資の話をする人が増えた」という「出来事」があったとします。これに対して、人によって捉え方は千差万別ですが、例えば「投資の話をする人は怪しい」というのが「主観」になります。

　ここで大切なのは、「主観」は自由で、いかようにも変えられるということに気づくことです。

「出来事」と「主観」がごちゃ混ぜになって、切り分けられていないと、自分の「主観」というひとつの見方にすぎないものに囚われてしまいます。例えば、「投資の話をする人は怪しい」というのは「主観」にすぎないのに、それがあたかも事実のように捉えてしまうような場合です。本当なら、「主観」は自分でいかようにも変えられるのに、それを忘れてしまうのです。

「問題が起きました！」というフレーズはよく聞きますが、これも切り分けられていない例に

○ 変えられる	× 変えられない
主観	出来事

なります。起きているのは事象であって、問題と捉えるかどうかは「主観」です。ここを切り分けられずに、「問題が起きた」ことを事実だと思ってしまうと、問題にしか見えなくなってしまいます。「主観」のラベルをべったり貼りつけてしまうと、そのラベルがはがせなくなってしまうのです。

この切り分けは、シンプルで簡単なことのように見えますが、実はトレーニングが必要です。頭の中だけで考えても、絶対にできないと思っておいた方がいいでしょう。文字を書いて、物理的に存在させて確認しましょう。ここまでして、はじめて切り分けることができるようになります。

②他人と自分

2つ目は、「他人」と「自分」です。あくまでも、変えられるのは「自分」の主観と行動だけです。「他人」がどう思うのか、どう行動するかは、「他人」のものであって、あなたが変えられるものではありません。

でも、人は他人が気になるものです。ついつい「自分」が他人にどう思われているのかと、心配することもあるでしょう。そして、「もっと信頼して欲しい」「自分のことを見て欲しい」「評価して欲しい」など、「他人」の主観と行動を変えたくなってしまいます。

例えば、あなたが本書を読んでどう思うか？　私としては「ワクワクしながら読んで欲しい！」と切に願っています。でも、それは私の期待であって、あなたがどう思うかはあなたの自由。私がコントロールできるものではないのです。

「他人」に期待を抱いてはいけない、という意味ではありません。相手に「自分」の期待を伝

○	×
変えられる	**変えられない**
自分の主観・行動	他人の主観・行動

えることも、いい人間関係を作るために大切な場面も多いでしょう。

ただ、忘れてはいけないのは、相手がどう思うのか、どう行動するかは、あくまで相手のものだということです。ここを切り分けられるかどうかで、「自分」が何に時間を使うかが変わってきます。

③ 結果と行動

次に切り分けるのは、「行動」と「結果」です。

「行動」は自分で変えられますが、「結果」は完全にコントロールすることができません。

テストの点数、体重を減らすことなど、自分の「行動」のみが「結果」に影響する場合は、「結果」をコントロールしやすいと思います。でも、営業活動、社内の昇進など、いろんな人が関わってくるものは、自分の「行動」だけで「結果」を出せるものではありません。

大人になって、やることが複雑になっていけばいくほど、「結果」のコントロールは難しくなります。安定していた時代ならまだしも、今はＶＵＣＡ《ブーカ》と呼ばれる予測不可能なことが多く起きる時代なので、なおさらです。

自分で何が変えられるのかを見極めるためには、「行動」と「結果」を切り離して考えることが大切になります。

「行動」だけは、１００％自分次第で変えられます。「結果のことばかりを考えて、行動しない」なんて、もったいない。「結果」と「行動」を切り分けて、自分ができることに集中していきましょう。

変えられる	変えられない
行動	結果

④過去と現在

当たり前ですが、「過去」は変えられません。「現在できること」なのか、「過去のこと」なのか、切り分けましょう。

表現にも注意してみてください。振り返りをするときに「こうすれば良かった」という言葉を使う方がいます。これだと過去形になってしまうので、「今度からこうする」という言い方に変えましょう。

本人としては過去形の表現を使っただけで、「今度からこうする」という意味で使っている場合も多いと思います。

○	×
変えられる	変えられない
今からできる行動	過去の行動

でも、言霊《ことだま》という言葉がある通り、どういう言葉を使うかは大切です。言葉の選択で、思考が変わります。だから、切り分けていくためには、「今からできる行動」の言い方にしていくのが大切です。

以上、４つを切り分けていきます。

この切り分けスキルが身につくだけでも、心の持ち方や行動が大きく変化していきます。

切り分けていくと、自分にできることは、実はすごく限られていることに気がつきます。

でも、その限られたできることにエネルギーを集中することで、状況は大きく変わっていきます。虫眼鏡で太陽の光を集めると、そこだけ焼け焦げてしまうような、そんな大きな力があるのです。

「人事を尽くして天命を待つ」という言葉がありますが、人事を尽くせること、天命を待つしかないことを切り分けていきましょう。

2 スキル2：意味づける

意味づけるスキルは、自分に起きた出来事に価値・可能性を見つけ出すものです。

ひとつ前の切り分けるスキルでは、「出来事は変えられないが、主観は自分でいかようにも変えられる」とお伝えしました。この主観をどう作るかが、意味づけスキルになります。

私たちは何か出来事が起きると、瞬間的に感情が生まれ、無意識に思考しています。例えば、上司から雑な指示を出されると、瞬間的にイラッとし、褒められると照れながらも誇らしい気持ちになったりします。

ひとつひとつの出来事に対して、感情をコントロールしたり、じっくりと思考したりしていては、日常生活が進まなくなってしまうので、無意識で瞬時に処理できるようになっているのでしょう。

しかし、この瞬間的な感情や無意識の思考をそのままで終わらせず、意識的に価値や可能性を見つけ出すのが、意味づけスキルなのです。

なぜ、この意味づけスキルが大切なのでしょうか？

人間は価値・可能性を見つけると、行動が変わるからです。

例えば、ピンチの場面で「終わった……」と思うのか、「成長するチャンスだ」と思うのかで、そのあとの行動は変わります。出来事をどう意味づけるかは、私たちの行動の方向性を決めるコンパスのような役割を果たしているのです。

そして、行動が変わると、結果が変わります。この繰り返しで人生が変わっていくので

意味づける

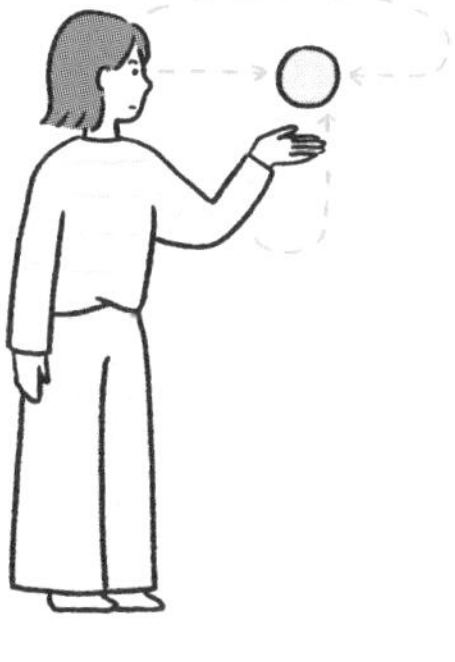

す。

こんなに大切な力を無意識で終わらせず、ちゃんと育てていきましょう。

自分に起きる出来事を意味づけるポイントを2つお伝えします。

ネガティブな感情が生まれる「嫌な出来事」や、見過ごしがちな「些細な出来事」にも価値・可能性が潜んでいる

心がポジティブに大きく動く特別な出来事だけではなく、怒りや悲しみ・自己嫌悪を引き起こすようなネガティブな出来事や、ちょっとした気づきや、小さな嬉しい出来事にも着目してみてください。

私は、嫌な出来事を「スパイシーチャンス」、ささやかに見える出来事を「わらしべチャンス」と名づけています。これらは、価値がない出来事として素通りしてしまいがちですが、意味づけるスキルを身につけることで、チャンスに変えられるようになっていきます。

出来事から「気づき」「学び」「決意」「良かったこと」「予感」のどれかを探す

出来事から、「気づき」「学び」「決意」「良かったこと」「予感」の内、どれかひとつを見つけ出し、意味づけます。それが、あなたがその出来事から得た価値です。

例えば、家族と夜ご飯を楽しく食べられて（出来事）、幸せな時間を過ごせた（良かったこと）とします。この良かったことが、あなたが出来事から得られたものになります。

例えば、会社の同僚から期末のフィードバックで「伝達の仕方が雑」というネガティブなフィードバックを受けて（出来事）、少し落ち込んだものの、新しいことを学ぶ機会だと決めた（決意）とします。この決意が、あなたが出来事から得たものになるのです。

「自分はその出来事からいったい何を得たのか？」を考えることで、出来事に含まれる価値・可能性を見つけ出す力がついていきます。

切り分けスキルには正解があるのに対して、意味づけスキルは正解がないクリエイティブな世界です。自分の納得感を大切にしてください。自分が納得していないものは、心にも残らず、行動にも落とせないからです。

第4章以降でお伝えするウィークリー振り返りとマンスリー振り返りでは、毎日3つの心が動いた出来事を記録します。毎日3つの出来事を意味づける訓練をしていたら、1カ月で90回、1年で1000回を超えていきます。それだけ出来事の中に価値・可能性を探していたら、嫌でも上手になっていきます。コツコツとトレーニングしていきましょう。

この意味づけスキルを身につけていくことで、いつも無意識に見過ごしていた出来事、嫌な出来事にすらも、何かを得るチャンスが潜んでいることに気がつけるようになります。ちょっとやそっとの嫌な出来事に動じなくなり、「おっ、きたな。どう意味づけようか」とワクワクすらできるようになってきます。これぞ、人生を切り開くサバイバルスキルです。

3 スキル3：絞る

絞るスキルは、日々起きるたくさんの出来事から、何が自分にとって大切なのか、自分の優先順位を見つけ出すものです。

第3章以降で説明しますが、ワンデー振り返りの場合は、その日の中から、振り返りたい出来事を1個に絞って振り返ります。

ウィークリー振り返りでは1週間分の記録の中から、マンスリー振り返りでは1カ月分の記録の中からトップ3の出来事に絞っていきます。

なぜ、この絞るスキルが大切なのでしょうか？

情報量が多いほど、人間は迷い、意思決定ができなくなるからです。

品揃えが多いほど、「買う」という意思決定ができなくなる「ジャムの法則」というものがあります。スーパーで、6種類のジャムを置いた場合と、24種類のジャムを置いた場合と、どちらが多く試食後に購入されたのか実験したところ、種類が少ない6種類の方がなんと10倍も購買者が多かったのです。

つまり、選択肢が多いと、人は迷って逆に選べなくなってしまいます。


私たちは、とんでもない情報量の中で、迷うことが多い時代に生きています。これは人類がはじめて直面している環境です。

例えば、健康情報ひとつとっても、朝食は食べない方がいい、いや食べた方がいい。炭水化物は食べない方がいい、いや食べた方がいい。というように情報は氾濫しています。あなたも「いったい何が正しいの⁉」と思ったことがあるのではないでしょうか？

情報だけではありません。生き方の選択肢も増えました。何の仕事をするのか、結婚するのかしないのか、賃貸か持ち家か、リモートか出勤か……。これだけ選択肢があると、選ぶだけでも大変ですよね。

情報量が多く、迷いやすい今の時代は、あえて絞ることで決めやすくすることが大切です。

毎週の振り返りで、絞るトレーニングをしていきましょう。

自分にとって大切なものは何か。このシンプルな問いを毎週自分に問い続けることで、自分の優先順位が浮き彫りになって大きな決断ができるようになっていきます。

絞るスキルを高めるメリットはもうひとつあります。

自分の優先順位がわかると、関心のアンテナが立ちます。そうすると、関連する情報が集まり、瞬時に反応することができるようになります。

「赤い車を買ったら、急に街中で赤い車が目につくようになった」「自分に子どもが生まれたら、他人の子どもに目がいって、世の中に子どもが増えたのかと錯覚してしまう」これは、RAS効果と呼ばれるものです。関心のアンテナが立つと情報に敏感になって、より目に入りやすくなるのです。

4 スキル4：つなげる

自分に起きる出来事が、次にどうつながっていくのか、関連性を見つけ出すものです。

つなげるスキルは、自分に起きる出来事が、次にどうつながっていくのか、関連性を見つけ出すものです。

自分に起きる出来事は、次の出来事へつながっていきます。

例えば、私が出版した書籍は本書で4冊目ですが、1冊目の本は『インスタグラムマーケティング入門』（金風舎）でした。この本を出せたのは、偶然の出会いからでした。

当時、勤めていた会社の部署に、20冊以上も本を出されていた女性が中途採用で入ってきたことがありました。そんな人と出会ったのははじめてだったので、驚いた私は、思わず彼女にこう聞きました。

「私も、本って出せますか？」

何気なく、流れで聞いてみた質問でした。そうしたら、彼女はこう返してきたのです。

「出せますよ」

（え？　出せるの？　ほんと？）

まさか、自分で本を書けるとは思っていなかったので驚きました。ここで「本を書けるかもしれない」という可能性にはじめて出会うのです。彼女の返事を真に受けた私は、その日の夜にノートにこう書きました。

・山田さんも本出せるよって言ってくれた。

新しい可能性にワクワクした私は、その女性にもう一度相談に乗ってもらったところ、出版社を紹介してもらうことになりました。この出会いにより、当時はまだ日本で有名ではなかったインスタグラムのマーケティング

についての本を書くことになったのです。この経験がなかったら、「本の著者になる」という選択肢は私の人生に生まれなかったでしょう。そして、本書が生まれることもなかったと思います。

こんな風に、出来事は次の出来事へとつながっていきます。
もう一度まとめながら、さらにどうつながったのかを見てみましょう。

中途採用で新しい人が入ってきた

↓

その人は、本をたくさん書いている人だった

↓

私でも本を書けるのか聞いてみた

↓

本当に本を出せることになった

↓

今度は、自分にしか書けないこと、人の役に立つことを書いてみたいと思って、会社を退職した

←

それまで自分が実践していたノートの方法を『ミーニング・ノート　1日3つ、チャンスを書くと進む道が見えてくる』（金風舎）にまとめて出版した

←

ユーザーから「書くことはできるけれど、振り返りが難しい」という声を多数いただいた

←

振り返りに特化した本を書こうと決意した

←

本書を出版した

どれかひとつでも欠けていたら、この本は生まれていません。

アップルの創業者であるスティーブ・ジョブズの有名なスピーチの中で語られた「コネ

クティング・ザ・ドッツ」という言葉があります。これは、「人生は点と点がつながるように出来事がつながって、思いもよらぬ未来にたどり着く」という話でした。

でも、私たちはどの出来事がどうつながっているのか知らずに生きています。

実際にノートを振り返ってもらうとわかるのですが、出来事は、1本の線で綺麗につながっているわけではありません。意外なつながりがあったり、複数のつながりが交わったりと、ごちゃごちゃに絡み合いながらつながっています。記録なしには、何がどうつながったかを見ていくことは不可能でしょう。

だから、ノートに記録して、自分の目でつながりを確かめていきます。

つながりを見ることで得られるメリットがあります。

日本の昔話「わらしべ長者」が、つながりの大切さを教えてくれる話なので、この話をもとにお伝えしたいと思います。

主人公が観音様に「幸福を授けてください」とお願いすることから、わらしべ長者の物語はスタートします。

するとお堂の中から観音様が出てきて「このお堂を出て最初に拾ったものを大切にしなさい」と告げられます。主人公がお堂を出て最初に拾ったのは、1本のわらでした。この1本のわらがきっかけとなって、旅の途中でみかんに交換してもらい、みかんは反物になり、反物はケガをした馬になり、最後は馬がお屋敷になります。

これは、わらやお屋敷というメタファーを使って、ささやかな出来事がきっかけとなって、思わぬ未来へとつながっていくことがあるということを教えてくれる話だと解釈しています。では、実際に起きたつながりを見ていくことで、どのようないいことがあるのでしょうか。

価値のある出来事を見抜く「目利き力」がつく

「わらしべ長者」の主人公の旅のはじまりは、「1本のわらを拾う」ことでした。道端に落ちている1本のわらなんて、ゴミみたいなものです。拾ったときには、「ただのわら」にしか見えなくて当然でしょう。でも、最後にお屋敷までつながると、1本のわらが、最初に大事なきっかけを作ってくれていたのだということがわかり、「あれは、ただのわらではなく、黄金のわらだったのか！」と見方が変わります。つながった先を見ることで、「1本のわら」に潜んでいた価値がはじめて見えてくるのです。
　私がはじめての本を出版するまでの経緯を説明しましたが、「中途採用の女性と出会った」というタイミングでは、まだその出来事にどのような価値があるかは、わかりません。ところが、本を出版し、私の人生をガラリと変えることになると、その女性が新しい世界の扉を開いてくれた方だということがわかるわけです。

　ノートの振り返りでは、出来事がどうつながったかを追いかけていきます。それにより、以前は見えていなかった、出来事に潜んでいた価値・可能性を自分で学習し、目利き力を鍛えていきます。価値には、経済的な価値だけでなく、人との出会いという価値、新たな学びを得た価値、自分の可能性が開花したという価値など、さまざまなものがあります。ノートの中でつながりを見つけ、目利き力を鍛えていきましょう。

細かいつながりが見えて感謝の気持ちがあふれる

「わらしべ長者」の主人公のように、なんてことない些細な出来事が、その後つながって、自分の人生を大きく変えていっているということは、実際に私たちの人生にも起きています。当たり前ですが、ノートを書いていなくても、起きています。でも、多くの人は「お屋敷をくれた」といったインパクトが大きい出来事は記憶に残っていても、最初のきっかけが「1本のわら」だったことや、そのわらをみかんに換えてくれた人がいたことを忘れてしまいます。いつしか、自分の努力や苦労だけが記憶に残って、すべて自分のおかげだと思ってしまうこともあるでしょう。

ノートを見返すと、最初の「1本のわら」までたどり着けて、それを忘れずにいられます。密かに助けになってくれていた思わぬ人物がいたり、苦しいトラブルが人生を大きく変えるきっかけになっていたり、細かいつながりや複雑なつながりが見えてきて、壮大なつながりによって自分の人生が作られているのを目撃することができます。これは、じわじわと感謝の気持ちがあふれる感動体験になるでしょう。

5 スキル5：抽象化

振り返りにおける抽象化スキルとは、自分の特徴や傾向、または出来事からの気づきや学びをまとめることです。

抽象化の定義は世の中にいろいろ出ていますが、代表的なもので言うと、「複数のものをまとめて、ひとつのものとして扱う」になります。

例えば、アジ、マグロ、サンマ、タイ、ヒラメがいます。これらをまとめると何でしょうか？　魚ですよね。これが抽象化です。実際に存在しているのは個別具体的なアジやマグロであって、それらをまとめた概念を「魚」と呼んでいるわけです。

名詞だけではありません。例えば、「餅をつく」「お年玉を渡す」「書初めをする」といった行動も「日本の正月行事」と抽象化してまとめることができます。

他にも、「抽象化とは、思考における手法のひとつで、対象から重要な要素や、着目すべき要素、または共通する要素を重点的に抜き出して、他は捨て去る方法」と定義する方もいます。

あなたの周りに「要するにこういうこと?」と話をわかりやすくまとめてくれる人はいないでしょうか? そういう人は抽象化が得意な方です。話の枝葉をバッサリと捨て去り、本質をわかりやすい言葉でまとめていく力が、抽象化スキルなのです。

本書の振り返りでは、日々ノートに書き出した具体的な事象の枝葉をバッサリと落として、幹となる部分や、奥底に隠れていた根っこを見つけ出していきます。

抽象化

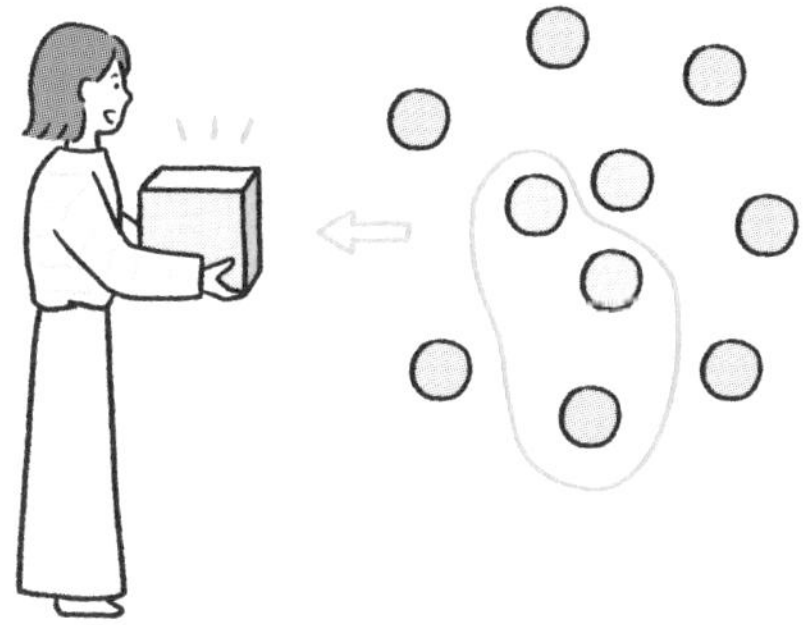

振り返りで抽象化スキルを使うことで、次のようなことができます。

自分に「あるもの」を言語化することができる

本書での振り返りは自分に「あるもの」を探しますが、これを言語化するのが、まさしく抽象化スキルです。「あるもの」とは、自分の関心、強み、自分にとって大事なご縁、思考・行動パターン、そのパターンの根底に潜んでいる信念（や固定観念）、望みなどです。これらは、自分の内面にあり、目に見えません。これらを言語化することで、自分の理解が深まっていきます。

出来事からの気づきや学びを他の場面で応用することができる

抽象化スキルがあると、1個1個の具体的な経験だけで終わらせず、そこで学んだことや発見したことを、他のシーンでも活かしていくことができるようになります。

例えば、ある人との付き合い方を、他の人にも応用することができます。

職場に感情的に振舞う人がいました。その人なりの正義があり、それに反することが起きると、怒りが収まらなくなってしまうのです。何度かそういう場面に遭遇し、落ち着かせるために、情報を整理したり、他の視点を伝えようとしました。でも、うまくいきません。その人の怒りが落ち着くまでは、何をしてもムダだということが、何度か経験していく内にわかってきました。そして、それはその人だけではなく、他の人にも応用できることに気がつきました。「人が感情的になっているときに、ロジックは効かない。ただ待ってのみ」と学びを抽象化できたのです。

このように学びをまとめておくと、ひとつの経験で終わらせず、他の場面で応用することができるようになります。

カッツ・モデル

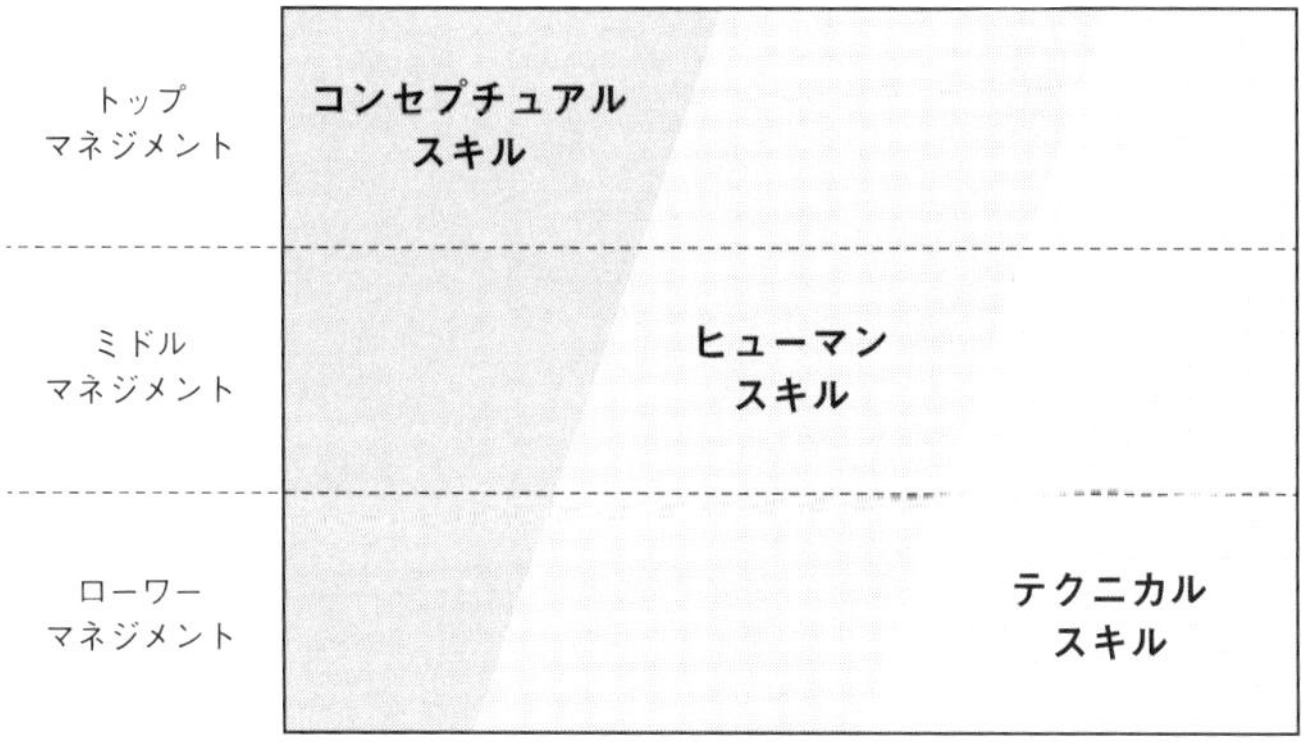

出典：Robert Katz, Skills of an effective administrator, Harvard Business Review, 1974

ビジネスの場面でも、この抽象化スキルはとても大切だと言われています。カッツ・モデルと呼ばれる、マネジメントのレイヤーごとに求められるスキルの割合を示したものがあります。レイヤーが高くなるにつれて、コンセプチュアル・スキル（物事を概念化、抽象化して捉える能力）が重要になってくることを示しています。大きな判断を下すマネジメントになるほど、枝葉をそぎ落として、本質を捉える必要が出てくるのです。

抽象化のトレーニング方法にはいろんなやり方がありますが、本書の振り返りは、すべて自分のことを素材にしたトレーニングになります。他のどんな素材よりも真剣に考えることができ、抽象化スキルを鍛えるために最も有効です。

ただ、抽象化スキルは、苦手だと感じる方が多いのも事実。正解がないので「これで合っているのか」と不安になる人もいます。そのため、抽象化スキルについては、第4章でたくさん事例を載せています。

6 スキル6：具体化

振り返りにおける具体化スキルとは、行動できるように落とし込むことです。

もしあなたがなかなか行動へ移せないとしたら、それは意志が弱いからではなく、ただ具体化するスキルが弱いだけかもしれません。具体化できたら、とたんにスッと動けるようになる人はたくさんいます。

振り返りで具体化スキルを鍛えていくと、行動に移すスピードが格段に上がっていきます。

具体化できていない例を見てみましょう。

ある年に私は、「綺麗な場所でワーケーションをして

具体化

みたい！」とノートに書いたことがありました。

しかし、2年経っても、実現できませんでした。

これだと、いつ行くのか？ 綺麗な場所ってどこなのか？ 何泊するのか？ 予算はいくらなのか？ 何も具体化されていないため、とても動きにくいのです。


そこで、こんな風に具体化してみました。

「3月の最初の週末に、箱根の温泉旅館で、予算5万円で3泊のワーケーションをしてみよう」

かなり具体的になりましたね。ここまで具体的になるとスケジュールに入れることができますし、宿泊先も探しやすくなって、行動しはじめることができます。

もし、自分のことを「行動力がないな」「最近、変化がないな」と思っていたら、やりたいことを今すぐ動けるまで、細かく具体化してみてください。


具体化する良さは、もうひとつあります。

それは、本当にやりたいことかを確かめることができる、ということです。

抽象的なままだと、本当にやりたいのか、そうじゃないのかを確かめられません。そうすると、いつまでも「やりたいこと」だと頭で思い描きながらも、実際には行動するまでには至らず、「私は実現できない」と自分を責めてしまうこともあります。

具体化したときに、「あれ？　そんなにやりたくないかも？」と気づくこともあります。それを発見することで、自分が本当にやりたいことを見つけ出すきっかけになります。

ちなみに、先程のワーケーションの例ですが、私は具体化してみたところ、「温泉に行って、ワーケーションか。老後でいいかなぁ」と思ってしまいました。そこで、もっとワクワクする具体化案を考えてみました。

「8月の3週間、友達の住んでいるヨーロッパに行って、ワーケーションをしてみよう」。

こう具体化したときに、私ははじめてワクワクできました。いや、ワクワクを通り越して、考えただけでドキドキしはじめたのです。何しよう！　どこに行こう！　どんな毎日を過ごそう！　と、具体化したいことが一気に花が開いた瞬間でした。それと同時に、じゃあいくら必要なのか？　仕事の調整はどうするのか？　ということも考えるなど、実現に向けて行動しはじめました。

結局、私が決めたのは、「パリで、2カ月の長期滞在ワーケーション」でした。これが最もワクワクしたのです。具体化することで大学生のときからの憧れだった、「パリに住む」体験ができました。

振り返りでは、抽象化スキルで見つけ出した関心や望みをどんどん具体化して、行動していきます。抽象化スキルと具体化スキルをいったりきたりすることで、その効果はより大きくなっていくのです。

7 スキル7：メガネをかけかえる

最後に、深い話をしたいと思います。

自分に起きた出来事や自分自身について考えたとき、人によってその捉え方は違います。同じ出来事を体験したときに、ある人はいい出来事と感じても、別の人は悪い出来事と感じることもあります。

ノートを振り返ると、なぜ自分がそのような捉え方・感じ方をしたのか、自分の認識・主観を生み出しているものが見えてきます。

この話をわかりやすくするために、メガネにたとえて説明します。

① メガネをかけていること自体を知る

大前提として、私たちは、それぞれ「自分のメガネ」をかけて出来事を見ています。

有名な話ですが、砂漠でコップの水が半分になったとき、どう感じるでしょうか。「良かった！　まだ半分残っている！」と思う人もいれば、「残念だ。もう半分しか残っていない！」と思う人もいます。

事実は、水が半分残っていることだけです。でも、それぞれの違うメガネをかけて見ているので、それを良かったこととして見るのか、残念なこととして見るのか、人によって捉え方が変わります。

メガネが私たちの出来事の見方を決めています。

例えば、青いレンズのメガネをかけていたら、すべてが青っぽく見えてしまうように、「自分には、いいことなんて起きてない」というメガネをかけていたら、「いいことは起きていない」ように見えてしまうのです。

メガネが変わると、同じ出来事でもガラッと見え方が変わります。例えば余命宣告をされた人は、今までなんとも思っていなかった日常生活のすべてが尊いものに見えるようになる、という話を聞いたことはないでしょうか。

外の出来事をどう見るかだけではありません。自分自身のこともメガネを通して見ています。自分のことを天才だと思っている人もいれば、愚か者だと思っている人もいて、それぞれ見方が違います。

このように、誰しもがメガネをかけているのにもかかわらず、このメガネは透明で見えないので、多くの人は、自分がメガネをかけていることを忘れています。メガネをかけていることを忘れると、みんなが自分と同じように見ていると考えてしまいます。でも、そ

メガネをかけかえる

れは大間違いなのです。

どんなメガネで物事を見るかは、その人の人生哲学であり、生き様でもあります。誰しもが、自分だけのメガネをかけて出来事を見つめていることを、まずは理解しましょう。

②どんなメガネをかけているかを知る

メガネをかけていることは理解できたとしても、自分がどんなメガネをかけているのか気がつくことは、とても難しいのです。

だから、ノートを使って振り返ることをおすすめしています。

ノートの記録は、自分の思考や行動が1カ所に集まったデータベースとなります。このデータベースを振り返ると、自分の思考パターン、行動パターンが見えてきて、自分がどんなメガネをかけているのかに気づけます。

こんな方がいました。

公務員のMさんは、仕事を進めている途中で、進捗を聞かれたり、アドバイスをもらったりすると、悲しい気持ちになってしまうというパターンを繰り返していました。途中で口を挟まれると、自分が仕事を完了する能力がない人間だと評価されていると感じてしまうのです。頭では、相手はただ親切心で言っているだけだとわかっています。でも、瞬間的に「悲しい」「ダメだと思われているのかな」と思ってしまうのです。

Mさんはノートを振り返り、なぜ自分がこう感じてしまうのかを考えたところ、自分があるメガネをかけていることを発見しました。

それは、「何ごとも一人で完成させないといけない」ということでした。だから、途中で何か言われると「一人で完成させることができないダメな人」だと評価されているように感じていたのです。


自分がどんなメガネをかけているか知らないと、自分の思考・行動パターンを何度も繰り返してしまいます。だから、まずは自分がどのようなメガネをかけているのかを知ることが大切なのです。

③ 新しいメガネにかけかえる

そもそも、私たちはメガネをどこでかけはじめたのでしょうか？

家庭や、学校や会社などの所属する組織、そして社会がメガネをかけてくれます。「これはいいことだよ」「良かったね、嬉しいね」「こういうときは怒ってもいいんだよ」など、出来事をどう見るかを教育として教えてもらっています。

このときに、かけられるメガネは時代の影響を大きく受けています。例えば、以前はテレビで、性的マイノリティの方たちがお笑いのネタにされることもありましたが、今は「それは良くない」というメガネに変わり、そういった差別や偏見は減ってきています。

このように、親や先生、もしくは社会からメガネを受動的にかけてもらっていることからスタートしています。そのため、自分で主体的にメガネをかけかえられるということを知らないまま過ごしている人も多いのです。

すごく大切なことをお伝えします。メガネは、自分でかけかえることができます。何歳からでもかけかえることができるし、磨き続けることもできるのです。

メガネをかけかえるスキルは、振り返りを習慣化して、ここまで学んできたスキル1~スキル6を高めていくことで、できるようになっていきます。

会社員のMさんがノートによる振り返りを続けることで起きた変化をご紹介します。Mさんは、当時転職した会社で、上司からパワハラを受けて苦しむ日々を送っていました。「なんで、こんなこともできないの?」という否定の言葉を浴び続け、毎日残業し、睡眠時間も削られ、上司に何を言われるのか怯えながら日々を送っていたのです。

上司がどう思うかを優先させる毎日だったので、自分も意見を持っていいということすら、忘れてしまったそうです。次第に、自分の心の声も聞こえなくなっていきました。そんな時期に、振り返り習慣をはじめました。

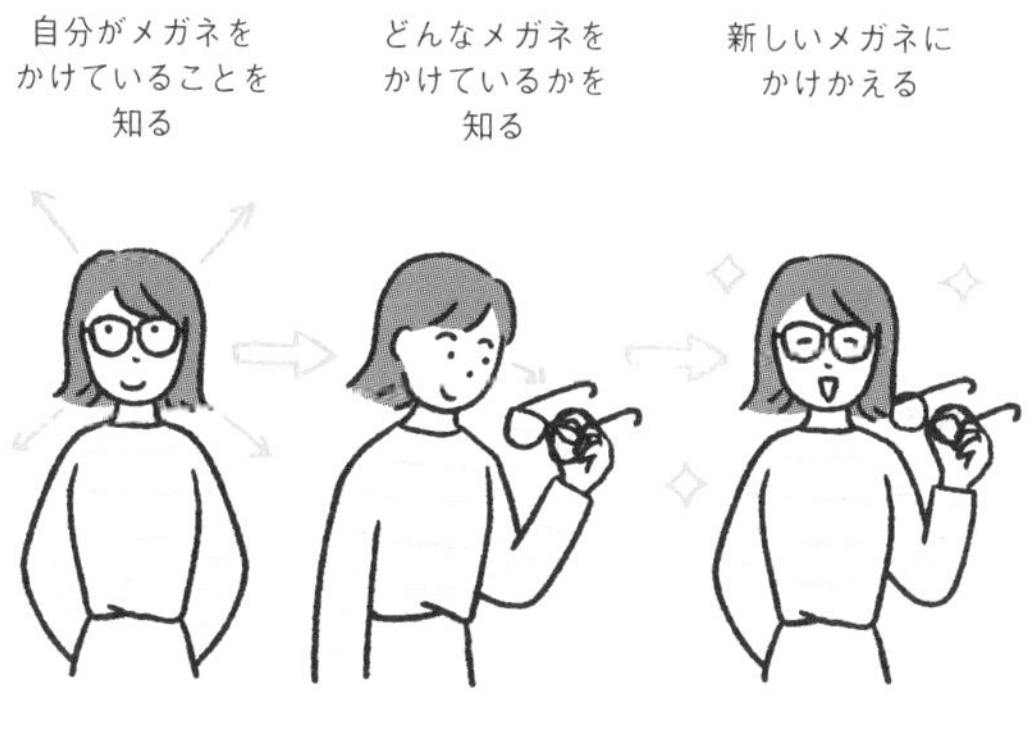
自分がメガネを
かけていることを
知る
どんなメガネを
かけているかを
知る
新しいメガネに
かけかえる

Mさんがあるときノートを見返したら、こんなことが書かれていました。

●友達から、「表現したい欲があるのでは?」というアドバイスをもらった。素直に表現していいのかも。

●自分は表現家であると認識。誰かのために表現すること。これが私。

Mさんは、もともと自分の意見を考えたり、表現をすることが好きなタイプでした。ところが上司の顔色を気にしながら日々を過ごしていたら、いつの間にか自分の考えや意見を表現することができなくなっていたのです。

「私は表現をしたい! そして表現をしてもいいんだ!」という気づきは、Mさんにとって、行動を起こす第一歩になりました。

次第に、Mさんは「自分も大切にされるべき存在であるし、自分自身で選択してもいい」という感覚を取り戻していきました。

この頃のノートには、こんなことが書かれていました。

- ジェーン・スー、いいこと言う。自分の好きな自分でいられるか、自分らしくいられるかは、自分でコントロールできる。
- 「自分が自分のボスである」というAさんの言葉を大事にしたい。

ノートを振り返ることで、徐々に内なる声が聞こえるようになって、Mさんはとうとう自分のメガネが変わる体験をしました。

それまでMさんは、パワハラで苦しむのは、その上司のせいだと思っていました。もちろん、それ自体は間違っていません。でも、Mさんはさらに考えて、自分がその上司の下に居続けるのは、自分が次のように思っているからだと気がつきました。

- 自分自身が心のどこかで「ひどい扱いを受けていい」と思っていたかもしれない。
- 上司のもとに居続けるという選択は、自分がしていた。
- 自分自身が行動のストッパーとなっていた。

Mさんの認識のメガネが変わった瞬間でした。

ここからMさんの行動は一気に加速していきます。まず、その上司のことを会社に告発しました。あとからわかったそうですが、その人は前から何度も問題視される行動を繰り返していたそうです。会社も問題を認識して、別の部署に異動になりました。

さらに、Mさんは、自分のやりたい仕事をしようと考え、もともと興味があった新興国の事業開発をやっている人たちとの関わりを増やし、自身も新事業のビジネスプランを考えてみることにしました。

実際に動いてみたら、多くの人からビジネスプランに対してポジティブなフィードバックをもらい、ノートにはこんな言葉が並んでいました。

- Aさん、Bさんから「正解はない。いいことなのだからやればいい」と言ってもらえた。
- 「あなたのしたいことは、社会から必要とされているから大丈夫」と言ってもらえた。

●ビジネスモデルの発表。思った以上に反応悪くない。

自ら動くことで、いい反応をたくさんもらい、Mさんは「自分でもできるかもしれない！」と思えるまで自信が回復していきました。さらに積極的になって、働きながら通っていた大学院のプロジェクトに参加したり、クラスのリーダーに選ばれたりして、一気に環境が変わっていきました。

そして現在は、青年海外協力隊に合格し、新興国のビジネスプランを叶えるためのアクションを起こしています。

●誰も自分の行動を止めていなかった。
●自分がストッパーになるのをやめたら、何でも行動できる。

Mさんにとって、この気づきは、自分の人生の舵取りを取り戻す経験となりました。

自分の力でメガネを変えることができた経験は、自分を力強く感じさせ、自信があふれてきます。特に、ずっと人にかけられたメガネで生きてきた人は、人生の主役を取り戻した感覚すらあると思います。

この振り返り方法を習慣化することで、日常の中で、自分がどのようなメガネをかけているかに気がつき、新しいメガネを手に入れることができます。メガネが変わる瞬間は、ガラッと世界の見え方が変わる感動的な体験になるでしょう。

自分の意思で、どのようなメガネをかけて生きていくのかを決めていきましょう。本書の振り返り方が、あなたが自分の好きなメガネを見つけることを助けてくれます。

7つのスキルは、どのようなものなのかイメージができたでしょうか。

ただ、頭でわかることと、実際にできることは別です。

では次章から、3種類のフォーマットを使って、振り返りをしていきましょう。

第3章

ワンデー振り返り

1 ワンデー振り返りのフォーマットを用意する

ワンデー振り返りは、心に残ったひとつの出来事を振り返る方法です。

ワンデー振り返りは、大きくＳＴＥＰ１とＳＴＥＰ２の２段階に分けて行います。この２段階に分けて行うという点が、ワンデー振り返りの肝になります。ＳＴＥＰ１で書いたことを、ＳＴＥＰ２でもう一度冷静に見返すことで、新たな視点が生まれてきます。

まず、左ページにあるフォーマットを用意しましょう。このフォーマットは箱の位置が重要なので、ご自身でフォーマットを作る場合は、必ず同じように作成してください（巻末のＱＲコードから無料ダウンロードができます）。

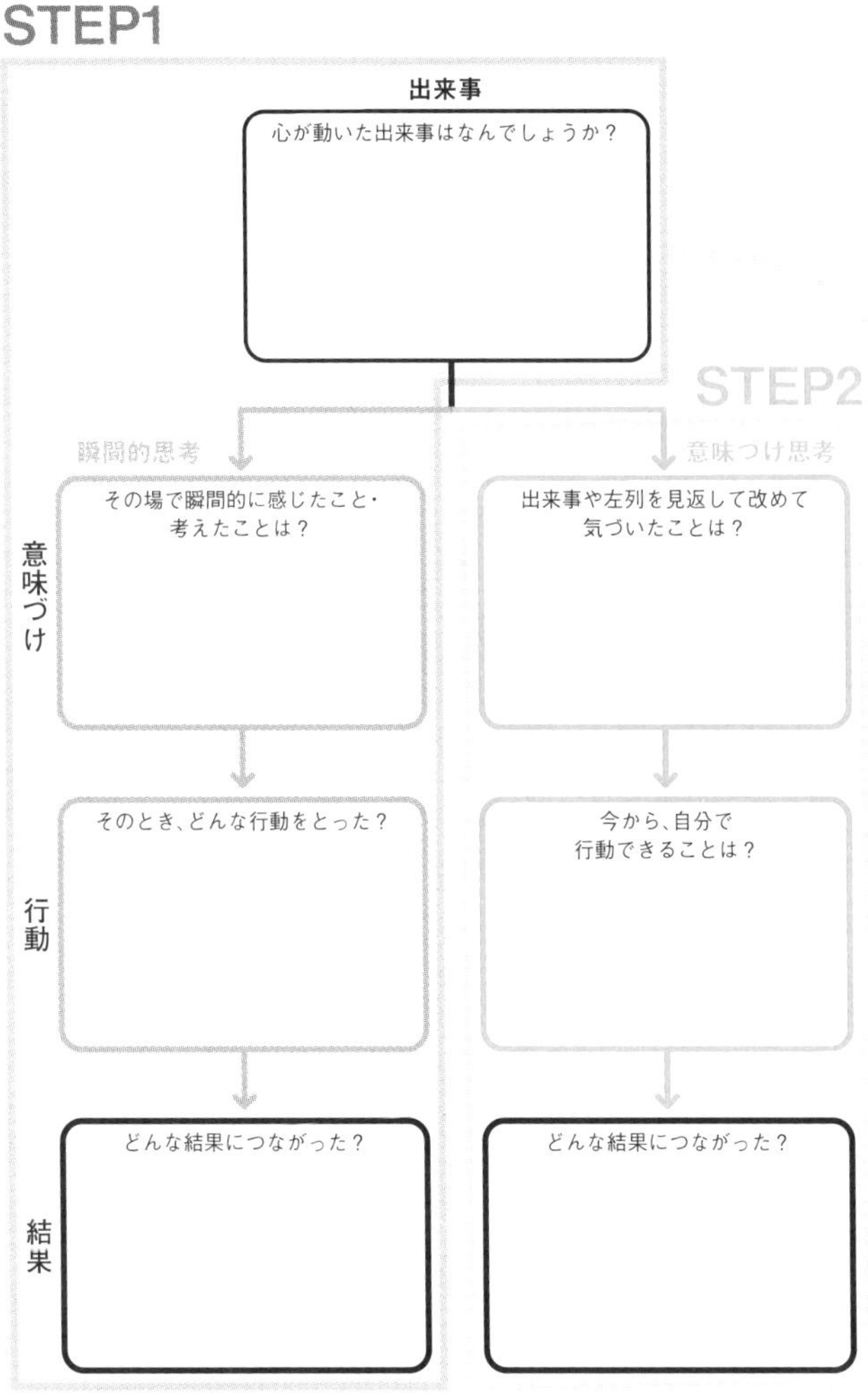
STEP1
出来事
心が動いた出来事はなんでしょうか？
STEP2
瞬間的思考
意味つけ思考
意味づけ
その場で瞬間的に感じたこと・考えたことは？
出来事や左列を見返して改めて気づいたことは？
行動
そのとき、どんな行動をとった？
今から、自分で行動できることは？
結果
どんな結果につながった？
どんな結果につながった？

書いたことを振り返る

2 ワンデー振り返り（STEP1）実際に起きたこと、感じたことをそのまま書く

① 心が動いた出来事をひとつ選んで、書き出す

あなたの心が動いた出来事をひとつ選んで、①の箱（次ページの図参照）に書き込んでください。

心が動いた出来事は、ポジティブな出来事でも、ネガティブな出来事でも構いません。

出来事を書くときには、「切り分けるスキル」を使います。主観（自分の考えや、感じたこと）や評価（いい、悪い）は入れずに、実際に起きた事実だけを書いてください。切り分けられている例と、そうでない例を見てみましょう。

例

○　部のメンバーが仕事でミスをして、部会で全メンバーに報告することになった。

×　部のメンバーが仕事でミスをして、部会で全メンバーに報告することになって、どう振舞うか迷った。

①の箱に主観や評価が入ってしまうと、ひとつの見方に囚われてしまいます。もう一度冷静に出来事を見つめるためにも、①の箱には起きた事実だけを書き込みましょう。一度書き出してみて、もし主観や評価が入っていたら、その部分は次に説明する

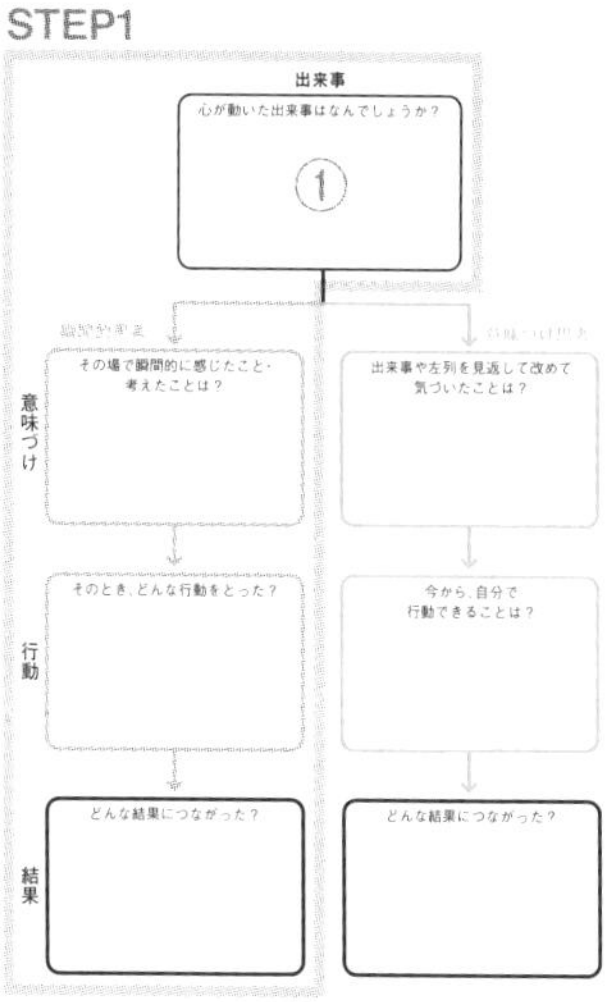
STEP1
出来事
心が動いた出来事はなんでしょうか？
①
意味づけ
その場で瞬間的に感じたこと・考えたことは？
出来事や左列を見返して改めて気づいたことは？
行動
そのとき、どんな行動をとった？
今から、自分で行動できることは？
結果
どんな結果につながった？
どんな結果につながった？

「瞬間的思考」の箱に移動させましょう。

②「瞬間的思考・感情」を書き出す

その出来事について、とっさに考えたことや、感じたことは何でしょうか？
自分の思考や感情を、②の箱に素直に書いてみましょう。

こんなこと書いたらダメかな？ ひどいかな？ など、社会的な自分は一旦おいて、頭と心に浮かんだことをそのまま言葉にします。ここで、本当は思ってもいないな優等生的なことを書いてしまうと、思考が

STEP1

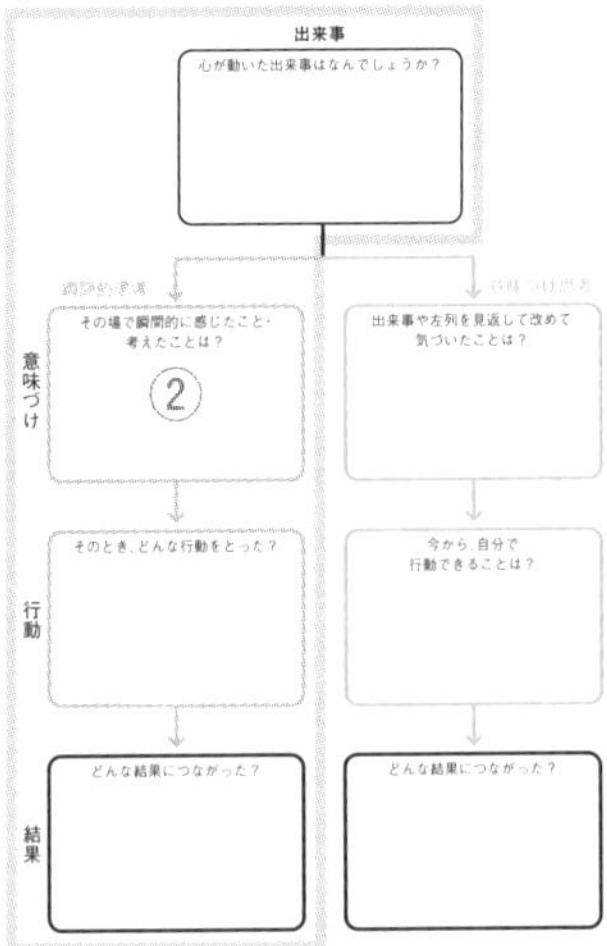

出来事
心が動いた出来事はなんでしょうか？
その場で瞬間的に感じたこと・考えたことは？
②
出来事や左列を見返して改めて気づいたことは？
意味づけ
そのとき、どんな行動をとった？
今から、自分で行動できることは？
行動
どんな結果につながった？
どんな結果につながった？
結果

止まってしまい、振り返りが深まりません。とにかく、本音を書き出すことが大切です。

例

①【出来事】部のメンバーが仕事でミスをして、部会で全メンバーに報告することになった。

②【瞬間的思考・感情】自分がリーダーとして、どう振舞えばいいか迷ったが、厳しい態度で接することに決めた。

本音が大切な理由

本音を書き出すのが大切なのは、本音が自分を理解するための大切なヒントになるからです。書き出すことによって本音の裏側にある自分の望みや固定観念が見えてきます。

本音までたどり着くと、ある種のスッキリ感があり、客観的に見つめるという次のステップに向かうことができます。

もし、スッキリせず、ごにょごにょと言いたいことが残っている場合、それは出しきれていないサインです。ここはとにかく出しきることが大切です。

本音を書ききったら、自分の本音を手のひらに置くイメージで、見つめてください。肯定も否定もする必要はありません。ただただ「へー、こう感じたんだ」「ほー、そう思ったか」と他人事のように見つめてみましょう。まるで、新種のキノコを見つけた感じで、自分の感情を新鮮な気持ちで見てみましょう。

感情の言語化が難しい場合

もし感情を言語化することが難しい場合、アメリカの心理学者ロバート・プルチックが開発した「感情の輪」という感情の分類表を参考にしてみてください。

プルチックの「感情の輪」は、基本感情を8つ（喜び、信頼、心配、驚き、悲しみ、嫌悪、怒り、期待）に分けています。中心から花のように広がっているのは、感情の強度になります。内に向かうほど強くなり、外にいくほど弱まっています。

さらに花びらの間に書いてある感情は、隣り合わせた基本感情を組み合わせた混合感情（愛、服従、畏れ、失望、自責、侮辱、攻撃、楽観）になっています。

感情をどう表現していいかわからないときは、この分類の中から自分の感情に近いものを選んでみましょう。

もし、複数の感情がある場合、複数選んでください。「喜びの気持ちもあるけれど、悲しみの気持ちもある」というように、矛盾しているように見える複数の感情が生まれる場合もあります。

プルチックの感情の輪

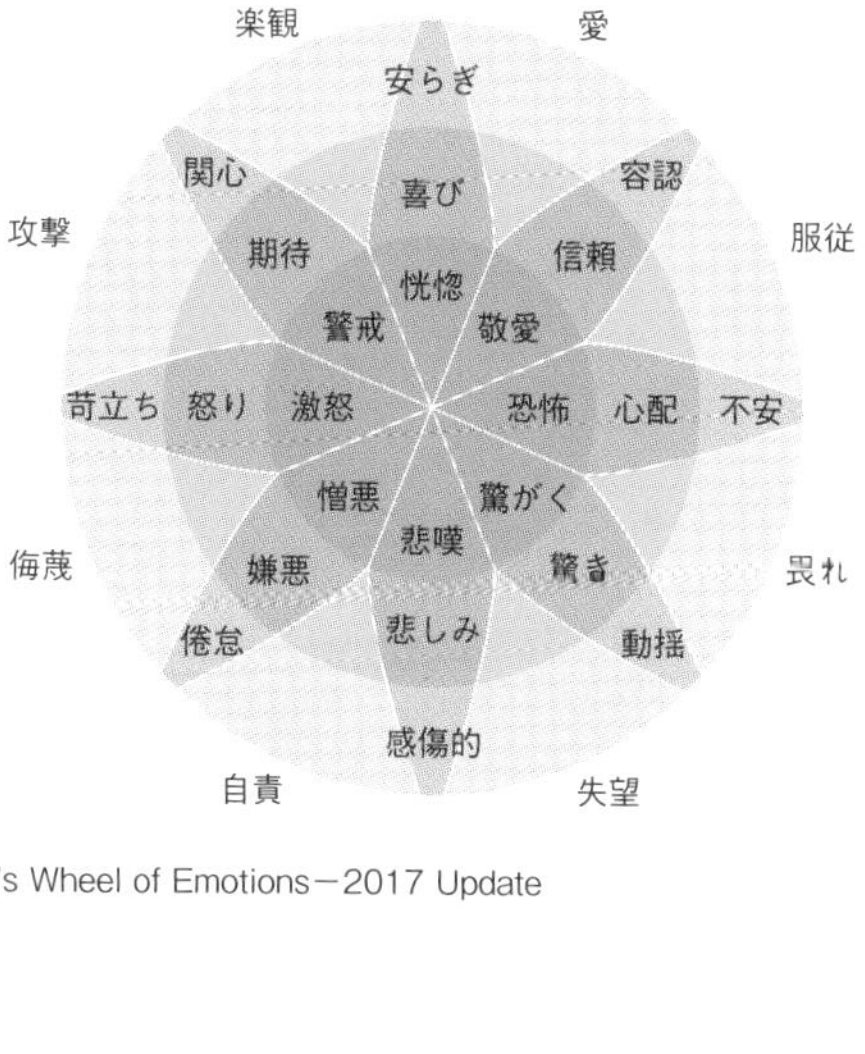

出典：Plutchik's Wheel of Emotions－2017 Update

③「どんな行動をとったのか」を書き出す

もし、その場で行動をとった場合は、どんな行動をとったのかを③の箱に書いてください（行動をとっていない場合は空欄で大丈夫です）。

例

①【出来事】部のメンバーが仕事でミスをして、部会で全メンバーに報告することになった。

②【瞬間的思考・感情】自分がリーダーとして、どう振舞えばいいか迷ったが、厳しい態度で接することに決めた。

③【行動】厳しい表情をしながら、ミス

STEP1

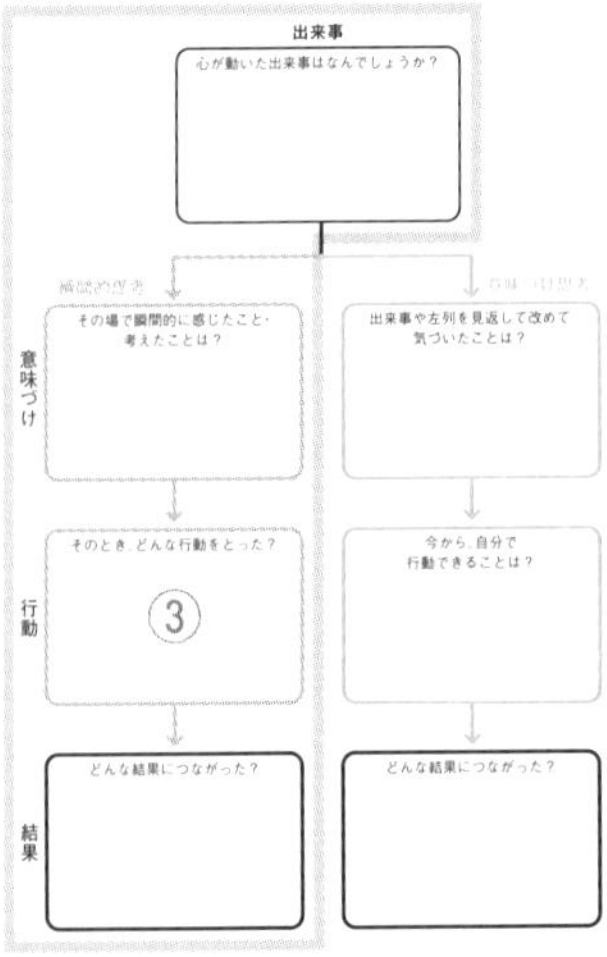

出来事
心が動いた出来事はなんでしょうか？
意味づけ
その場で瞬間的に感じたこと・考えたことは？
出来事や左列を見返して改めて気づいたことは？
行動
そのとき、どんな行動をとった？
③
今から、自分で行動できることは？
結果
どんな結果につながった？
どんな結果につながった？

をしたメンバーの報告を聞いた。

④どんな結果になったかを書き出す

そして、行動の結果が出た場合は、④の箱に書いてください（何も起きなかった場合は、ここも空欄で大丈夫です）。

例

①【出来事】部のメンバーが仕事でミスをして、部会で全メンバーに報告することになった。

②【瞬間的思考・感情】自分がリーダーとして、どう振舞えばいいか迷ったが、厳しい態度で接することに決めた。

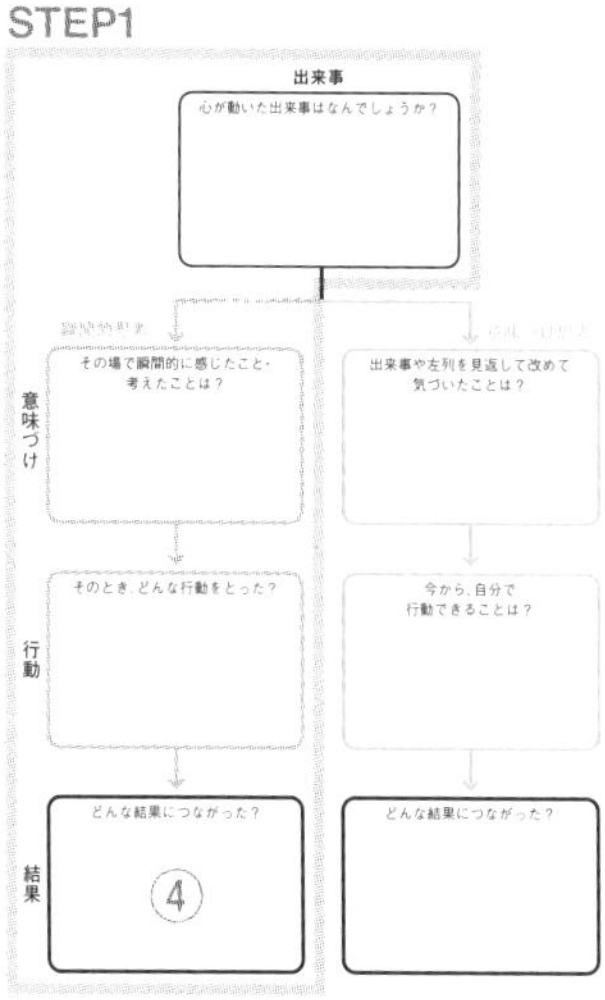

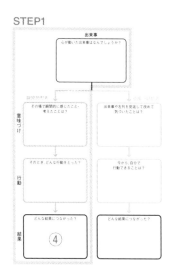

③【行動】厳しい表情をしながら、ミスをしたメンバーの報告を聞いた。

④【結果】ミスをしたメンバーはかなり落ち込み、自分もリーダーの振舞いとして、それで良かったのか何度も考えてしまった。

3　ワンデー振り返り（STEP2）書いたことを振り返る

右側のSTEP2の列を使って、STEP1で書いたことを振り返っていきましょう。

①意味づけ思考を書き出す

①-A　出来事について改めて気づいたことを書く

STEP1で「出来事」の箱に書いたことをもう一度見つめ直し、違う捉え方はできないか、新たな気づきはないか考えてみてください。その場の瞬間的思考・感情とは違って、もう少し冷静に出来事を見られるはずです。あなたの視点だけではなく、相手側の視点や第三者の視点からも広く見てみましょう。そして、気づいたことを、①-Aの箱に書き出してください。

例

①ーA【意味づけ】出来事を見返してみると、人的ミスは誰にでも起きうるものだった。しかも、今回ミスをしたメンバーはいつも頑張っていて、ミスを起こすのは珍しいことだった。

①ーB　自分について改めて気がついたことを書く

STEP1で「意味づけ」「行動」「結果」の箱に書いたことを見つめ直し、改めて気づいたことはありますか？

この3つの問いを参考にしてみてください。

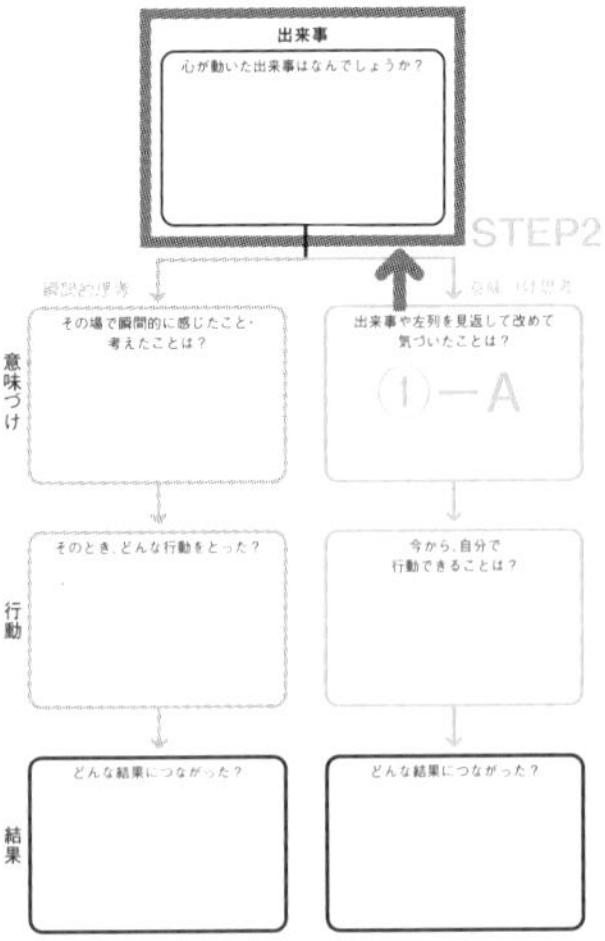

出来事
心が動いた出来事はなんでしょうか？
STEP2
意味づけ
その場で瞬間的に感じたこと・考えたことは？
出来事や左列を見返して改めて気づいたことは？
①ーA
行動
そのとき、どんな行動をとった？
今から、自分で行動できることは？
結果
どんな結果につながった？
どんな結果につながった？

・なぜその本音が出たのか？
・自分は何を望んでいたのか？
・他の行動の選択肢はあったか？

もし、自分の本音がわかったこと自体が大きな発見だった場合、それを書いてください。自分の本音には、自分が何を望んでいるのかを知る大事なヒントが潜んでいます。

例

①ーB【意味づけ】その場では、とっさに「厳しい態度をとる」というのがリーダーとして正解かと思ったが、心

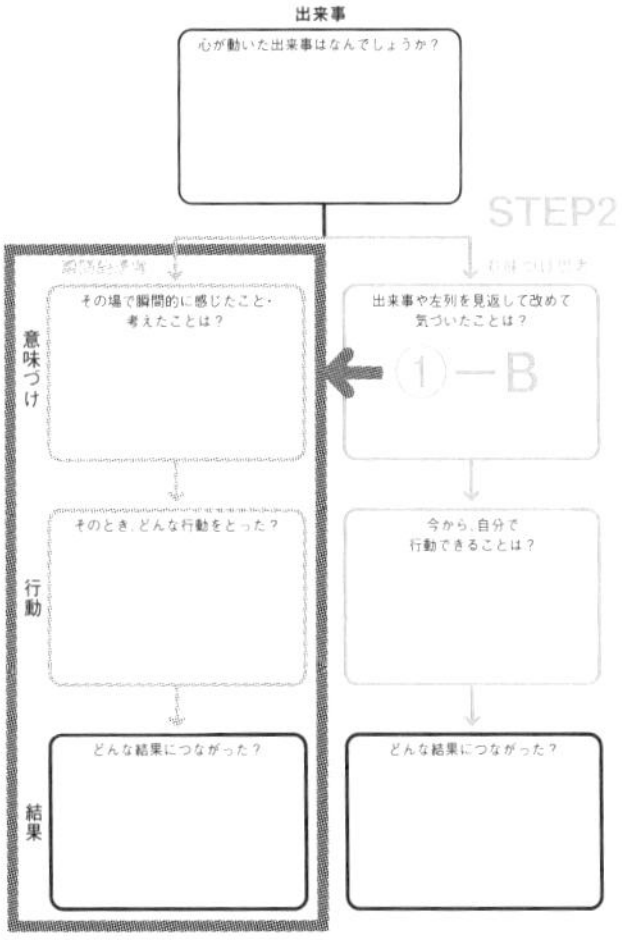

出来事
心が動いた出来事はなんでしょうか？
STEP2
意味づけ
その場で瞬間的に感じたこと・考えたことは？
出来事や左列を見返して改めて気づいたことは？
①ーB
行動
そのとき、どんな行動をとった？
今から、自分で行動できることは？
結果
どんな結果につながった？
どんな結果につながった？

の中では「今後も期待しているし、1回で信頼を失ったわけではない」とも思っていた。事実とは別で、自分の気持ちも一緒に伝えれば良かった。

安易な反省に走らない

意味づけ思考の大切なポイントですが、思ってもいない、いい子ちゃん的な反省は無意味なのでやめましょう。

本当は思ってもいないのに、例えば「ミスをしないように今度から気をつける」「誰でもいいところはあるはずだから、いい面を見てみよう」といった、常套句《じょうとうく》のような反省を書いてしまう方もいます。

自分が納得していないようなことを書いても、行動は変わりません。この安易な反省は、思考停止に陥らせ、振り返りをつまらなくする最大の敵です。誰かにこの振り返りを見せるわけではないので、上辺のことを書く必要はありません。

教育者を育成するために、より意義のあるリフレクション（振り返り）とは何か、を研究したコルトハーヘンという人物がいます。コルトハーヘンは、リフレクションを5つのプロセスで行う「ALACTモデル」を提唱し、こう指摘したそうです。

「一般的に教育実習生や若い教師は『行為の振り返り』から『行為の選択肢の拡大』へ飛んでしまう。安易な反省をして次の新しい技術に走りがちである」

コルトハーヘンは、行為の振り返りから、いきなり行為の選択肢の拡大へと飛ぶのではなく、「本質的な諸相への気づき」が大切なのだと説いています。この本質的な諸相への気づきがないと、次の行為の選択肢の拡大に進んでも、いいものが選べないのです。


このワンデー振り返りでも、行為だけを振り返るということはしません。STEP2の①で、出来事、意味づけ、行動、結果という一連の流れをもう一度振り返り、それぞれ新たな気づきがないかを探ります。このプロセスで振り返ることで、一段深い気づきを得ることができるのです。


ただ、自分の気づきがいいものなのかどうかは、一人でやっているときには判断しにくいと思います。そこで、大切にしてもらいたいのは、自分の納得感です。

「たしかに、そうだな」と自分が納得できるまで言語化してみてください。

今日考えた中で「ここまでは納得できた」というところまでたどり着ければ100点です。

無理にポジティブシンキングをしない

もうひとつの大事なポイントですが、自分にとって「悪い出来事」にしか見えないのに、無理やり「いい出来事」だと思うようにする必要はありません。違う視点から見てみるために、「もし、実はいい出来事だったとしたら?」と考えてみることはおすすめしますが、「いい出来事だと思うようにしよう」と自分を洗脳して欲しいわけではありません。

例えば、同僚から悪口を言われて、ものすごく傷ついたのに、「悪口を言われないような人になる成長の機会!」と無理やり自分を説得する必要はありません。無理なポジティブシンキングは、苦しくなって、振り返りを遠ざけてしまう一因になります。

嫌な出来事にしか見えないときは、嫌な出来事のままで良くて、そのうえで、何か気づいたことがなかったかを探してみましょう。

②「今から」「自分で」「行動」できることを書き出す

次に、ＳＴＥＰ２の②の箱に、今から自分で行動できることを書き出します。このとき、「切り分ける」スキルを使って、自分にできることを見つけ出してみてください。なお、次の２つのポイントに注意しましょう。

「今から」行動できる表現で書く

過去には戻れないので「今から」できる表現で書くようにしてください。

例えば、チケットを買い忘れてもう買えない、というように、タイミングを逃してしまった場合を考えてみましょう。「あのとき、すぐに買っておけば良かった」というのが本音だと思いますが、過去には戻れません。「次回はその場で買う」と決意することが今からできることです。必ず、今から行動できる表現で書いてください。

「自分で」行動できることを探し出す

「自分で」できることを探しましょう。

例えば、他者に「こう動いてもらおう」というのは、その人がやってくれるかどうかはわからないことなので、自分でできることにはなりません。

「お願いしてみる」「相談してみる」というのは自分でできることです。その結果、相手がやってくれるかはわかりませんが、自分ができることは実行することができます。

　また、例えば「信頼を得る」ということも、相手があってのことなので、「自分で」できることではありません。「信頼を得るために、丁寧に接してみる」「何かを頼ま

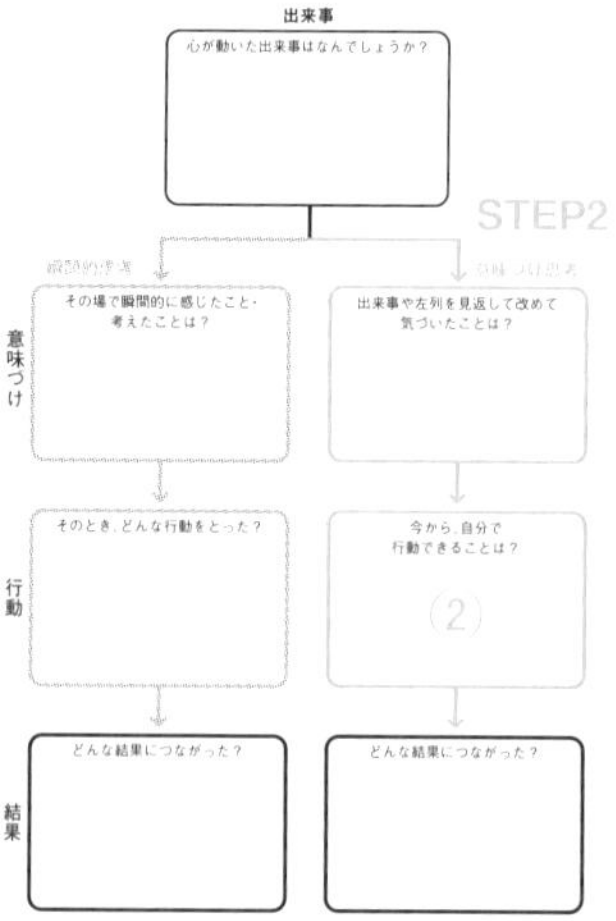

出来事
心が動いた出来事はなんでしょうか？
STEP2
意味づけ
その場で瞬間的に感じたこと・考えたことは？
出来事や左列を見返して改めて気づいたことは？
行動
そのとき、どんな行動をとった？
今から、自分で行動できることは？
2
結果
どんな結果につながった？
どんな結果につながった？

れたら即座に対応しよう」ということが、自分で行動できることです。このように、必ず「自分で」行動できることを探し出してください。

例

①【意味づけ】その場では、とっさに「厳しい態度をとる」というのがリーダーとして正解かと思ったが、心の中では「今後も期待しているし、1回で信頼を失ったわけではない」とも思っていた。事実とは別で、自分の気持ちも一緒に伝えれば良かった。

②【行動】今度からは、事実を受け止めつつも、自分がどういう気持ちでいるかをセットで伝えよう。

③行動の結果を書き出す

その後、行動の結果が出たときは、ＳＴＥＰ２の③に書き出してください。

行動した場合、何かしらの結果が出ます。望んでいない結果が出ることもあれば、「何も起きない」というのも結果のひとつです。

例えば、「Aさんにメッセージをした」という行動をとってみた場合、返事がなかったら「メッセージをして○日が経ったけれど、返事がなかった」というのが結果です。ここから、また何か気づきや学びが出てくるので、何も起きなかった場合も、それを結果として書き出してみてください。

例

①【意味づけ】その場では、とっさに「厳しい態度をとる」というのがリーダーとして正解かと思ったが、心の中では「今後も期待しているし、1回で信頼を失ったわけではない」とも思っ

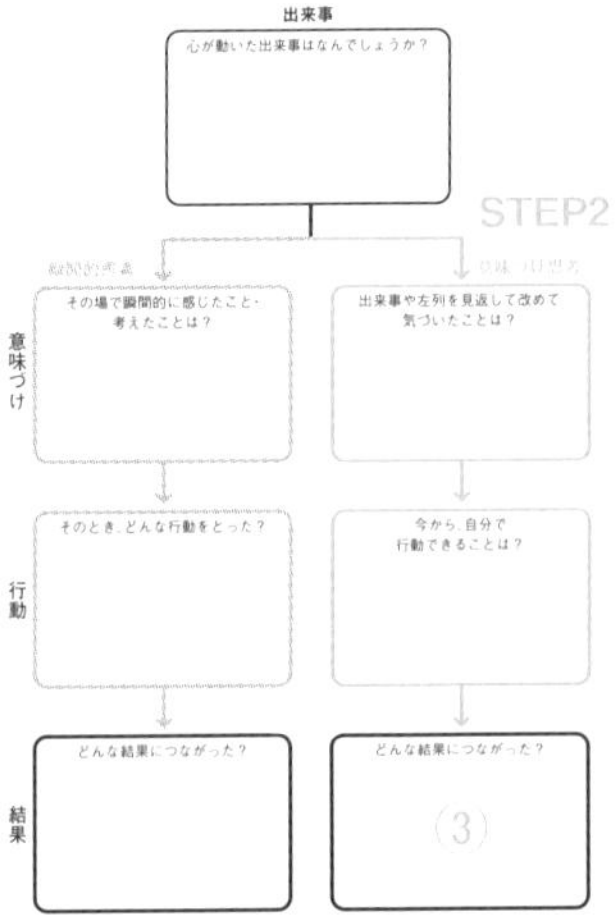

出来事
心が動いた出来事はなんでしょうか？
STEP2
意味づけ
その場で瞬間的に感じたこと・考えたことは？
出来事や左列を見返して改めて気づいたことは？
行動
そのとき、どんな行動をとった？
今から、自分で行動できることは？
結果
どんな結果につながった？
どんな結果につながった？
(3)

ていた。事実とは別で、自分の気持ちも一緒に伝えれば良かった。

②【行動】今度からは、事実を受け止めつつも、自分がどういう気持ちでいるかをセットで伝えよう。

③【結果】メンバーのトラブルやミスに対して、リーダーとしての自分の振舞いを迷わなくなった。

4 ワンデー振り返り事例

チームの雰囲気が悪いときに、できることを見つけ出した

【実践者コメント】

最近、職場のチームの雰囲気が良くないことが多く、気になっていました。愚痴が聞こえることも多く、いいニュースがあっても盛り上げる雰囲気がない。「なんか嫌だな」と気になりつつも、何をしていいかわからずにいました。ワンデー振り返りフォーマットを使って、改めて振り返ってみると、うっぷんがたまっているメンバーの気持ちに寄り添うことができて、チームの雰囲気を良くするための施策アイデアを思いつくことができました。

こういう「なんとなく嫌」と感じていたことを放置したまま、何も行動できていないことは、実はよくあるかもしれないと思いました。書き出してみることで、よくわかりました。

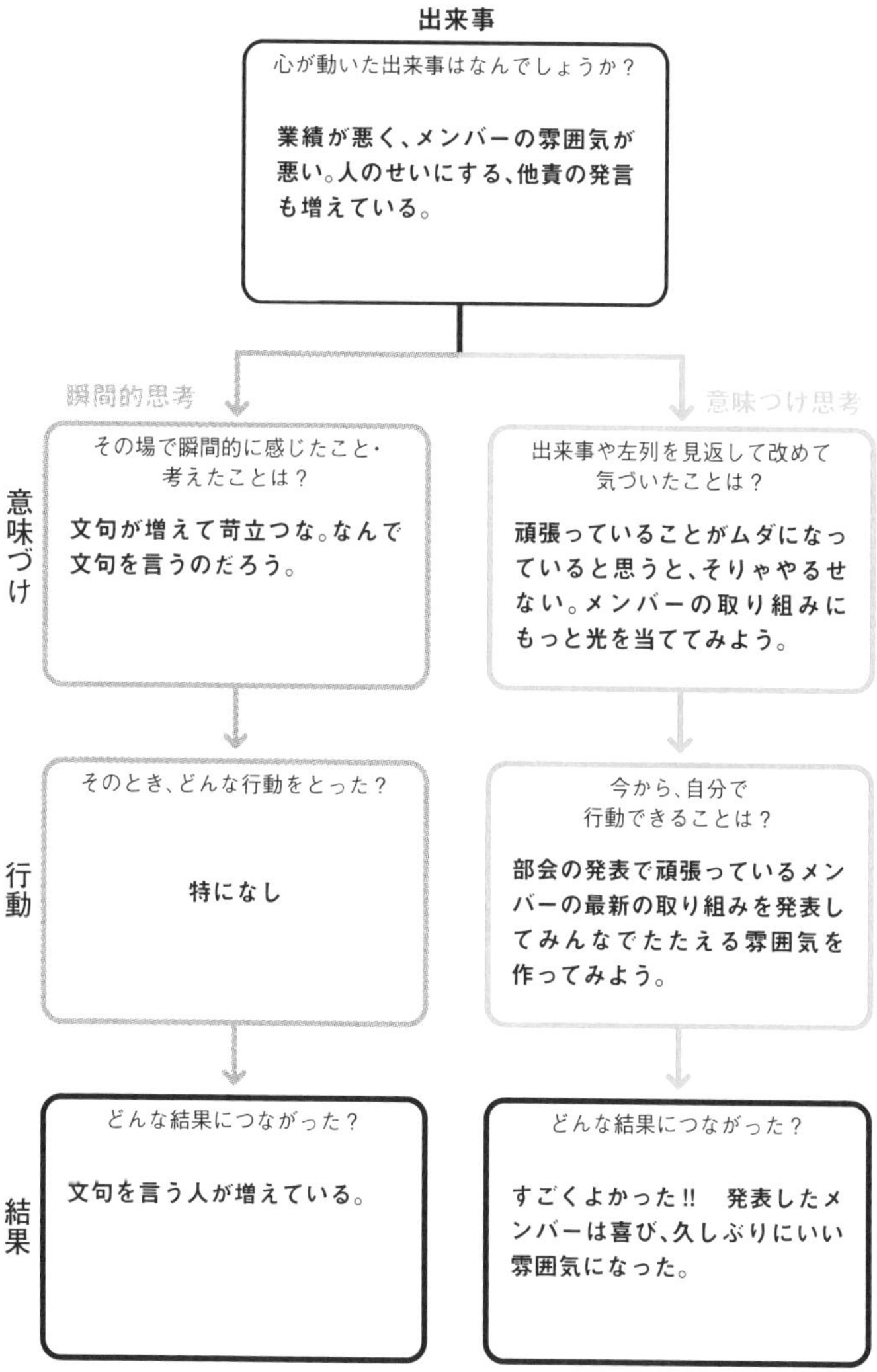
出来事
心が動いた出来事はなんでしょうか？
業績が悪く、メンバーの雰囲気が悪い。人のせいにする、他責の発言も増えている。
瞬間的思考
意味づけ思考
意味づけ
その場で瞬間的に感じたこと・考えたことは？
文句が増えて苛立つな。なんで文句を言うのだろう。
出来事や左列を見返して改めて気づいたことは？
頑張っていることがムダになっていると思うと、そりゃやるせない。メンバーの取り組みにもっと光を当ててみよう。
行動
そのとき、どんな行動をとった？
特になし
今から、自分で行動できることは？
部会の発表で頑張っているメンバーの最新の取り組みを発表してみんなでたたえる雰囲気を作ってみよう。
結果
どんな結果につながった？
文句を言う人が増えている。
どんな結果につながった？
すごくよかった!!　発表したメンバーは喜び、久しぶりにいい雰囲気になった。

誰からも返信がなくて寂しい出来事から気がついた、自分の心の奥底にある想い

【実践者コメント】

あるコミュニティにコメントを投稿したのですが、返事がなかったという出来事を振り返ってみました。

STEP1を書き出してみると、改めて「寂しい」「悲しい」という気持ちがありつつ、「そんなものだよね」という、どこか諦めの感情があることにも気づけました。私にとっては、この3つの感情はよく出てくる感情でした。でも、いつもは放置していました。

STEP2に移って、おぉ！　と自分でも驚くほど気がついたことがありました。それは、ひょうひょうとしている人だと他人から見られがちなのですが、実は「勇気を出してやっている」という本音です。軽々とやっていたことであれば、そこまで落ち込まなかったはず。勇気を出して、思いきってコメントしてみたのだから、それに対して返事がないことにショックを受けたのだと、心の奥底にある本音を受け入れることができました。

出来事

心が動いた出来事はなんでしょうか？

所属しているコミュニティにメッセージを送ってみたが返事がない。

瞬間的思考

意味づけ思考

意味づけ

その場で瞬間的に感じたこと・考えたことは？

悲しい。寂しい。
あ～やっぱりそんなものか……。

出来事や左列を見返して改めて気づいたことは？

相手も忙しかったのかも。
私は、結構勇気を出してメッセージを送っていたのかも。

行動

そのとき、どんな行動をとった？

何もしていない。
ノートで振り返ってみた！

今から、自分で行動できることは？

自分からひょうひょうとした感じを出さないようにしてみよう。

結果

どんな結果につながった？

特になし

どんな結果につながった？

素直な自分を出せるように意識できるようになってきた。

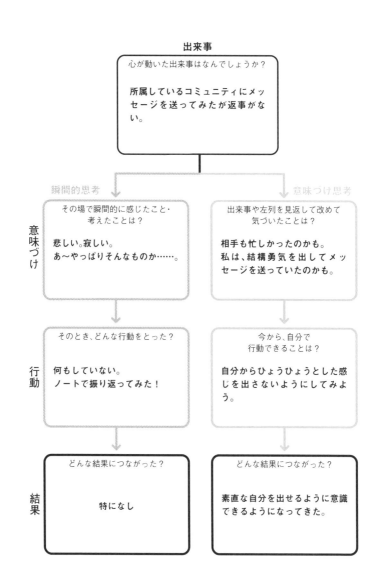

転勤が決まったときのみんなの反応から、決めつける発言をしないように気をつけるようになった

【実践者コメント】

私は12回も転勤をしてきました。私としては、転勤は新しい土地に住めて、楽しい体験なのです。でも、転勤が決まるたびに「大変ですね」「やっと慣れたところなのにね」と残念な感じで言われてしまう。言われるたびに、私は楽しんでいるのに、なんでそんなことを言うんだろうってモヤモヤしていました。でも、いちいち「大変じゃないんですよ」って言うのも変だし、その場では「そうですね」と適当に返事をしていました。

ちゃんと振り返ってみたところ、相手がただの挨拶で言っているだけで、悪気がないことも自分はわかっている。じゃあ、なんで嫌なのかを考えてみたら、「決めつけられている」ことが嫌なんだということがわかりました。

人の発言を直すことはできないので、自分の発言に気をつけていこうと思いました。例えば、誰か引っ越すときは、「寂しくなるよ」「今度遊びに行くね」など自分の気持ちを伝えるようにしようと思います。

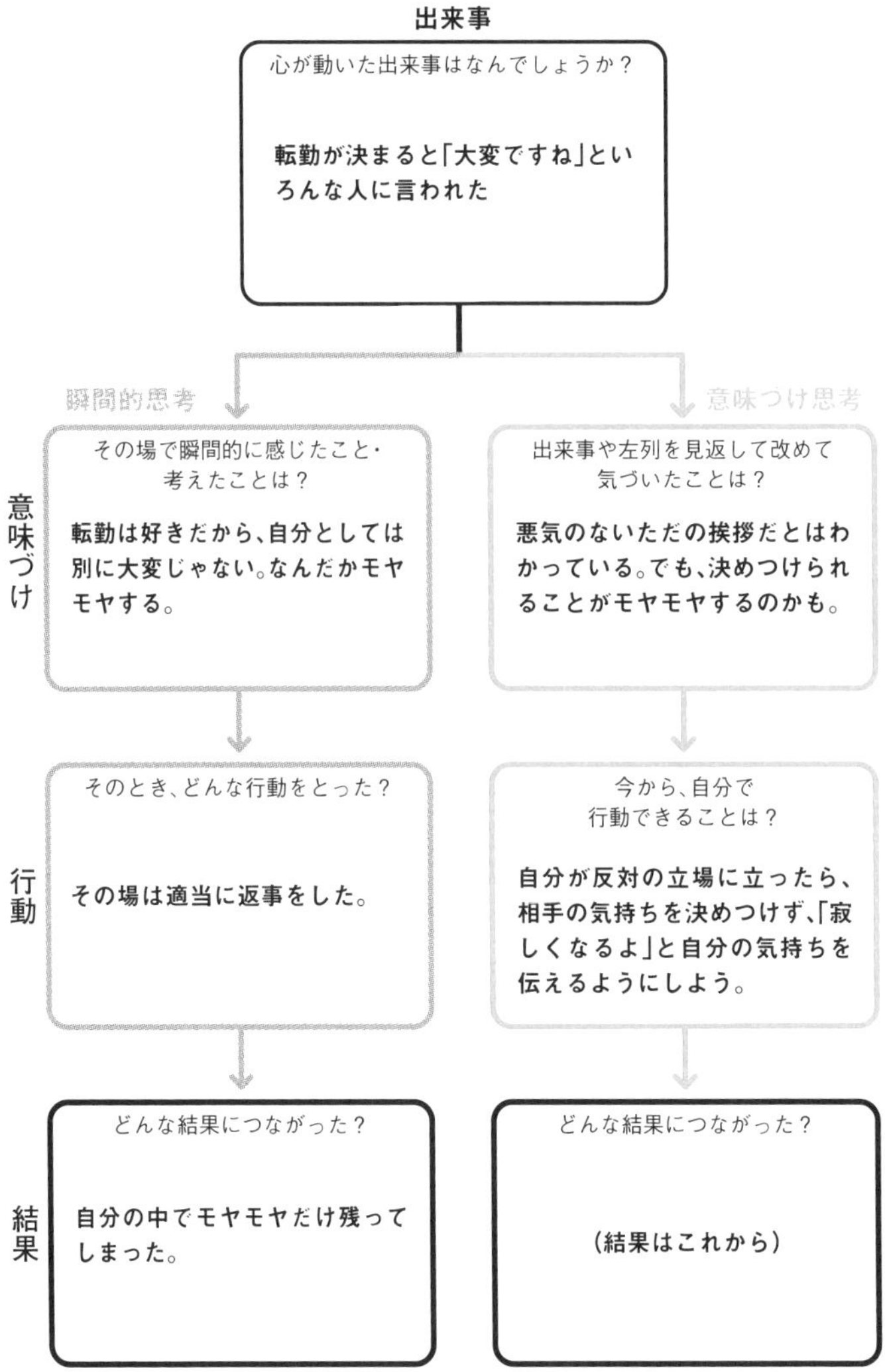
出来事
心が動いた出来事はなんでしょうか？
転動が決まると「大変ですね」といろんな人に言われた
瞬間的思考
意味づけ思考
意味づけ
その場で瞬間的に感じたこと・考えたことは？
転動は好きだから、自分としては別に大変じゃない。なんだかモヤモヤする。
出来事や左列を見返して改めて気づいたことは？
悪気のないただの挨拶だとはわかっている。でも、決めつけられることがモヤモヤするのかも。
行動
そのとき、どんな行動をとった？
その場は適当に返事をした。
今から、自分で行動できることは？
自分が反対の立場に立ったら、相手の気持ちを決めつけず、「寂しくなるよ」と自分の気持ちを伝えるようにしよう。
結果
どんな結果につながった？
自分の中でモヤモヤだけ残ってしまった。
どんな結果につながった？
（結果はこれから）

自分がどういうスタイルで仕事をしていきたいのか言語化できた

【実践者コメント】

父の経営している工務店で一緒に働いているのですが、父が病気になってしまい、どうやって仕事をしていくのか考えていた時期に振り返りをしました。

ふとお客さんから言われた「お宅の会社なら問題ないでしょ。信頼してるから」という言葉を聞いて「あぁ、うちの会社が仕事をもらえるのは、人を見てくれているからだ」と改めて気がつくことができました。

高齢の父と仕事を続けていくためには、細かくチェックをせずに「職人さんたちにお任せスタイル」で仕事をしていく方向にシフトするのもいいのではないかと、父とも話していたのですが、自分はそれを嫌だと思っているのだと気がつきました。

現実的には、父も高齢となっているので、続けやすい経営スタイルを模索しないといけないのですが、お客さんの信頼を得るスタイルは守りたいという自分の気持ちを言語化できました。この気持ちを大切にしながら、今後の方向性について考えてみたいと思います。

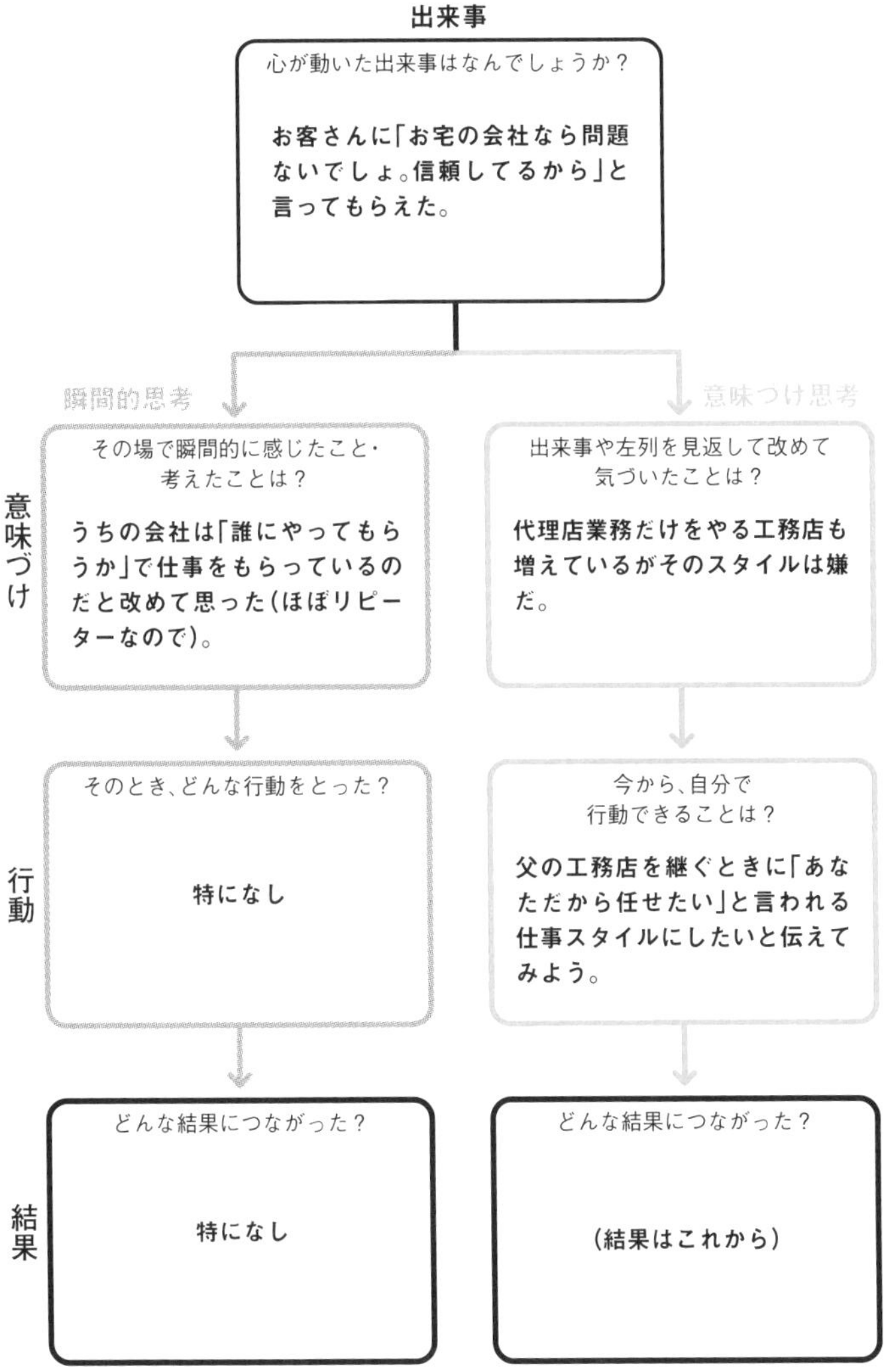
出来事
心が動いた出来事はなんでしょうか？
お客さんに「お宅の会社なら問題ないでしょ。信頼してるから」と言ってもらえた。
瞬間的思考
意味づけ思考
意味づけ
その場で瞬間的に感じたこと・考えたことは？
うちの会社は「誰にやってもらうか」で仕事をもらっているのだと改めて思った（ほぼリピーターなので）。
出来事や左列を見返して改めて気づいたことは？
代理店業務だけをやる工務店も増えているがそのスタイルは嫌だ。
行動
そのとき、どんな行動をとった？
特になし
今から、自分で行動できることは？
父の工務店を継ぐときに「あなただから任せたい」と言われる仕事スタイルにしたいと伝えてみよう。
結果
どんな結果につながった？
特になし
どんな結果につながった？
（結果はこれから）

5 ワンデー振り返りで、心理的資本を育てる

ワンデー振り返りは、モヤモヤしたときや、何かを改善したいときにやってみてください。モヤモヤを解消し、揺れ動く自分の頭と心をクイッと平常心に戻し、どのように行動すればいいか見えてきます。

自分の心をいい状態に保つスキルは、ビジネスシーンでも着目されています。

経営視点から、どういう人が会社の資源（人的資源）として価値があるのか議論がなされてきました。人的資源に求められる資本は、時代によって次のように変化してきたと言われています。

経済的資本：何を持っているのか

↓

人的資本：何を知っているか
↓
社会関係資本：誰を知っているのか
↓
心理的資本：ポジティブな心の状態であるか

近年注目されている心理的資本とは、その人自身の内面の強みに着目した資本です。心をいい状態に保つ力があるかどうかがポイントになります。想定外のことが起きたときや、予測ができない状況の中で、心をいい状態に持っていける資質を備えているかどうかが重要だとされています。変化が多く、不安やストレスも多い時代には、この心理的資本はより重要視されています。

心の強さに関しては、これまでは会社の問題というよりも、個人に任されてきました。ところが、先が読めない時代の中で、メンタルに不調をきたすビジネスパーソンが増えてきたため、企業としてもどうやって社員の心理的資本を強くするのかが、大事な経営課題となっているのです。

今後は企業側も、さらに積極的に社員の心理的資本を強めていく仕組みを取り入れると思いますが、個人で心理的資本を育てる方法を実践していく人も増えていくでしょう。マインドフルネスやジャーナリングといった手法もそのひとつです。その中でもワンデー振り返りは、一人でもできる気軽な方法です。解決したい出来事があったときに、ぜひやってみてください。

第4章

ウィークリー振り返りとマンスリー振り返り

1 ウィークリー振り返りとマンスリー振り返りのフォーマットを用意する

ウィークリー振り返りとマンスリー振り返りは、毎日の記録をもとに振り返っていきます。そのため、毎日の記録が必要となります（それぞれに使うフォーマットは巻末のＱＲコードから無料ダウンロードができます）。

ウィークリー振り返り

ウィークリー振り返りは、毎日の記録（右ページ）と1週間の振り返り（左ページ）を書き込む見開き2ページのフォーマットを使います。

右ページに毎日の記録を書き込みます。詳しくは後ほどご紹介しますが、1日の中で心が動いた出来事を3つ選び、「出来事＋意味づけ」の形で書きます。

1週間分を書き終えたら、4つのステップで振り返りをします。

ウィークリー振り返りフォーマット

（左）		（右）
	4/24 MON	
	4/25 TUES	
	4/26 WED	
	4/27 THUR	
	4/28 FRI	
	4/29 SAT	
	4/30 SUN	

1週間1ページのフォーマットを用意する

右ページに毎日の記録を書き、
左ページはウィークリーの振り返りで使用する

マンスリー振り返り

マンスリー振り返りは、ウィークリー振り返りのフォーマットの右ページに書き込んだ記録を、1カ月分もう一度見返して、振り返ります。その際に使うフォーマットは、1年間が1ページ内に収まった形のものを使います（201ページ参照）。1カ月分を2つのステップで振り返ります。

ノートのサイズはA5サイズがおすすめ

振り返りに使うノートは、A5サイズを推奨しています。A5でないといけないというわけではありませんが、これ以上大きいと情報量が多くなって振り返りが億劫になってしまい、これ以上小さいと書けることが少なくて深い振り返りができなくなってしまいます。

フォーマットをご自身で用意する場合、無地のノートや方眼ノートに自分で線を引いて作っていただくか、ウィークリータイプの市販の手帳を使ってください。

お気に入りのノートを見つけることで、習慣化しやすくなると思うので、あなたのテンションが上がるノートを探してみてください。

2 毎日の記録を記す

ウィークリー振り返りとマンスリー振り返りをするために、毎日の記録をつけていきましょう。ウィークリー振り返りのフォーマットの右ページに書き込みます。おすすめの記録の取り方をお伝えしますが、すでに日記を書いている方や、日々メモを取っている方は、そちらを使って振り返りをしてもらっても構いません。

それでは書き方を説明します。

まず、1日の中で心が動いた出来事を3つ選んでください。

心が動いた出来事は、ポジティブなことでも、ネガティブなことでも構いません。自分の心が動いたかどうかで選んでください。

その3つの心が動いた出来事を、「出来事＋意味づけ」という形で書いてください。出来事だけを書かずに、意味づけを書くところが大切です。例えば、「新しいプロジェクトのキックオフミーティングをした」「友達のAさんとご飯に行った」というように出来事だけを書いていると、ただのスケジュールの焼き直しになってしまい、振り返ったときに発見がありません。その出来事をどう捉えたのか、何に気づいたのか、といったあなたの内面の声を書くことで、あとで振り返ったときに発見が増えていきます。もし、出来事は何も起きていないけれど、アイデアが思い浮かんだり、想いや決意が芽生えた場合は、そういった内面の声だけを書いてください。

では、出来事と意味づけの、それぞれの書き方のポイントを見ていきましょう。

出来事の書き方

まず、人の名前、本の名前、場所の名前など関係する固有名詞は必ず書いてください。固有名詞は、振り返るときに記憶を呼び戻す材料になります。

特に人の名前は重要なので、関係する人がいる場合、その方の名前は必ず書いてください。誰がキーパーソンだったのかがよく見えてきます。

もうひとつのポイントは、内容を具体的に書くことです。例えば、誰かの一言に感銘を受けたのであれば、その一言の内容を書いてください。「○○さんの言葉に感動した」と書いても、どの言葉に感動したのか書いておかないと、あとで振り返ったときに思い出せません。

意味づけの書き方

意味づけスキルを使って、その出来事から得た「気づき」「学び」「決意」「良かったこと」「予感」のいずれかを書いてください。

事例を見てみましょう。

【気づき例】Hさんの退職に際して気持ちを伝えたら、「もっと早く言ってくれたらいいのに」と言われた。どこかで嫌われていると勝手に決めつけて距離をとっていた。自分の気持ちに素直になって行動できるようになりたい。

【学び例】部下のAさんが新人スタッフに教えているのを見て、学ぶことが多いなと思った。部下とか関係なく、誰からでも学べることがたくさんあると改めて思った。

【決意例】「自分の人生を大事に」とRちゃんから言われたことを思い出した。職場の希望調書に辞職を素直に書こう。こそこそしていてもはじまらない。

【良かったこと例】旅先のホテルの日本庭園が素敵だった。日本庭園、かわいくて綺麗で胸がときめく！　緑、自然が好きだ！

【予感例】職場で「あちこちに行って、かき回さないで欲しい」と言われた。こっちも頑張っているのに、そんな言い方ないでしょと思ったけれど、こういう痛みがある出来事も、自分ならいい方向に持っていけるはず。

ワンデー振り返りの章にも書きましたが、安易な反省も、無理なポジティブシンキングも不要です。とにかく素直に書いてみてください。

ノートの中は、あなたしか見ていません。人の目を気にしなくていいのです。壮大な夢を書くこともあるでしょう。ドロドロした心の内側を書くこともあるでしょう。とんでもなくロマンチックなことを書くこともあるかもしれません。いつもは、いろんな社会的役割を背負っている方も、ノートの中でだけは、その役割のよろいをそっとおろして、どこまでも自由に書いてみましょう。

私がときどき相談を受けるのは、「おもしろいことが書けない」という悩みです。

そういう方が書いたノートを見せてもらうと、「感動した」「嬉しかった」「良かった」といった、ざっくりした感想を書いていることが多いです。

ざっくりした感想だと、それ以上の発見がないように思えますが、記録が蓄積されてくると、自分が何に感動するのか共通点が見つかったり、どういうものに着目しているのか関心が見えてきます。蓄積することが大切なので、まずは、書くことひとつひとつのクオリティを上げることよりも、書くことを習慣化することに集中してください。

書くことが習慣化できて、もっと深掘りしたいと思えた方は、もう少しミクロに自分の内なる声を言語化してみてください。

例えば、本を読んで感動したのであれば「特にどこに感動したのか」「どんな気持ちになったのか」を書いてみましょう。職場の同僚といい関係を作れたことが嬉しかったのであれば、「いい関係とは、どういう関係なのか」「なぜ、いい関係を作れたと思ったのか」を深掘りしてみてください。たったこれだけで、グッと内容が深まります。

3 ウィークリー振り返りの全体像を理解する

1週間分の記録をもとに、4ステップでウィークリー振り返りをします。

STEP1 大切な記述を3つに絞る
STEP2 つながりを探して矢印を引く
STEP3 抽象化する
STEP4 具体化する

STEP1〜2は毎日の記録を記した右ページに書き込み、STEP3〜4は左ページに書き出します。

振り返りは慣れたら、5〜10分程度でできます。もし、丁寧に振り返りたいときは、30

分ほど時間を使ってみてください。ただ、大変だと思ってしまうと、習慣化ができないので、そこまで時間をかけずに行うことがおすすめです。すべてのステップを完璧にやることよりも、「書いたことを振り返る」という時間を毎週持つことが大切です。自分ができる、無理のない範囲で続けてみてください。

振り返りは、続けるたびに深まっていきます。第1章でお伝えした木の例を思い出してください。まずは、葉っぱが見えてきて、次第に幹が見え、根っこが見えてきます。いきなり、根っこにたどり着けるわけではないので、焦らずに習慣化していきましょう。

筋トレと同じだとイメージしてください。月に1回だけ、ハードに筋トレをするよりも、毎日5分でいいからコツコツと生活の中に習慣として取り込む方が、ずっと力がついていきます。

1週間ごと、という定期的なリズムで振り返りを行うことを習慣化していきましょう。

4/24 MON	✓ 日本にしかない良さってなんだろう。体験、雰囲気、精神面。 こういうのを言語化したい。 ✓ オーストラリア商工会議所の人との出会い。素敵な女性だった。何かコラボしたいな。 ✓ 会社の中での私の役割は何か？少しモヤモヤ。
4/25 TUES	✓ 高村さんが、先週開催したリーダーシップのワークショップのお礼にと ブレスレットをプレゼントしてくれた。嬉しい。 ✓ 櫻井さんとディナー。「人と違うことはいいこと」。人と違うことを大切にしてと言われた。 ✓ 江藤さんが、部署のメディアの構想を作ってくれた。ワクワク！
4/26 WED	✓ インスタグラムを更新。頻度落とさず、続けてみよう。 **✓ 来月は4人も退職する。私も何かしないと！と焦る。** ✓ 小澤さんとランチ。セミナーを開催することになりそう。
4/27 THUR	✓ 平岡さん「リーダーシップのワークショップのおかげで行動が変わった」と言ってくれた **✓ 全社会議で、リーダーシップワークショップの話をすることになった。** みんなのクチコミのおかげ。 ✓ 小川さんにインスパイア。いい習慣作りしたい。早起きから！？
4/28 FRI	✓ ともさんのスムージー（キウィ、りんご、アボカド）美味しそう。作ってみる。 ✓ 石山さんから学生向けの講演依頼がきた。思いきり話してみよう。 ✓ まりちゃんが「留学したい！」と言っていた。頑張っててすごい。
4/29 SAT	**✓ 自転車ゲット！白いカラーがお気に入り！運動不足解消するぞ！** ✓ “Full Out” 全てを出しきる！いい言葉。 ✓ 英語クラス、点数が思ったより良くて、上のクラスに行けるかも。コツコツ大事。
4/30 SUN	✓ 自転車で渋谷→六本木→青山をサイクリング。気持ちいい！ ✓ インスタグラム用の撮影で、青山の陶芸教室に。腰が痛くなってしまった。 1時間が限界。 ✓ お母さんとお父さんが、お弁当を届けてくれた。感謝。

（ウィークリー振り返り　サンプル）

【コツコツ続ける力】
この2つはコツコツ続けることができている！
自信が出るし、力がつくのが嬉しい。今年は続けてみよう！
・英語
・インスタグラムの更新

【ワークショップは私のライフワーク】
先週開催したリーダーシップワークショップが好評だった！！！
高村さん、平岡さんが良かったとクチコミしてくれて、全社会議で
話すことになった。
ワークショップ作りは、私の強みかもしれない？

【会社内の役割にモヤモヤ？】
退職者の話を聞くと焦りも出てくる。
次のステップを考えたいタイミングなのかもしれない。
自分の「得意」をもっと言語化するために、小幡さんに来週相談してみよう。

4 ウィークリー振り返り（STEP1）1週間の内、大切なものを3つに「絞る」

1日3つ書くと、1週間で21個書きたまっています。この21個の中から、その週の大切なものを3つ選んでください。

「絞る」ことを毎週やっていくと、自分の優先順位が見えてきて、意思決定しやすくなり、行動が加速します。

特に今の時代は情報が多く、いったい何が自分にとって重要なのかわからなくなってしまいがちです。あれも考えなきゃ、これも考えなきゃいけない、と頭はパンク状態になっていることも多いと思います。

これは、その人の性格の問題ではなく、この時代ならではの問題です。自分にとって何が大切なのかを毎週明らかにしていくことで、考える対象が絞られ、頭がクリアになっていきます。

考えすぎずに、自分の直感に素直になって選んでみてください。出来事の大きさだけで決めずに、自分の内なる声として書いた意味づけにも着目してください。大きな出来事ではないけれど、いい気づきを得ていることもあります。

もし決めるのが難しいと感じても、トレーニングをするつもりで気軽にやってみましょう。「決める＝変えてはいけない」ではありません。1回決めたあとに、変えてもいいのです。

「あれ、ちょっと違うかも」と違和感を覚

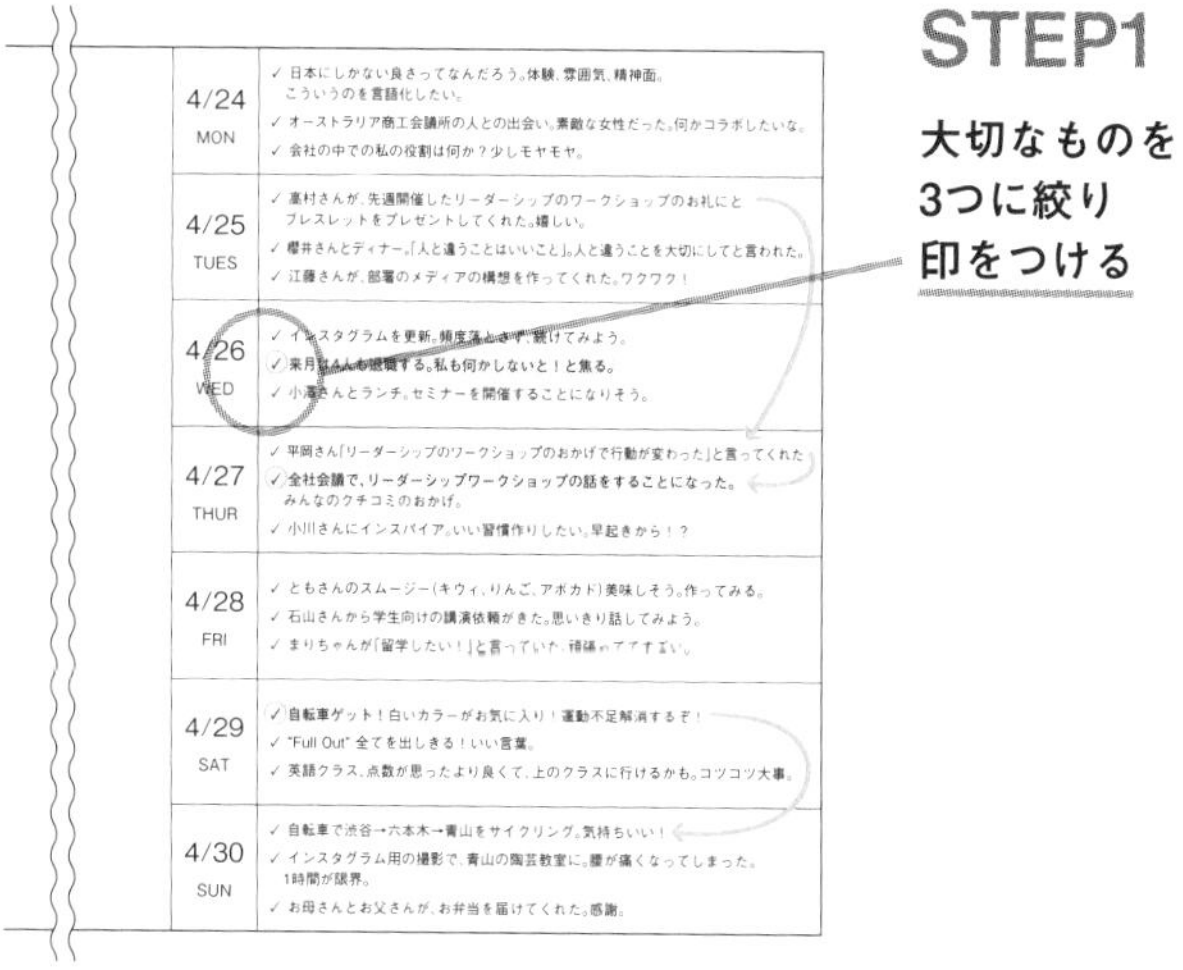
STEP1
大切なものを
3つに絞り
印をつける
4/24
MON
✓ 日本にしかない良さってなんだろう。体験、雰囲気、精神面。
こういうのを言語化したい。
✓ オーストラリア商工会議所の人との出会い。素敵な女性だった。何かコラボしたいな。
✓ 会社の中での私の役割は何か？少しモヤモヤ。
4/25
TUES
✓ 高村さんが、先週開催したリーダーシップのワークショップのお礼にと
ブレスレットをプレゼントしてくれた。嬉しい。
✓ 櫻井さんとディナー。「人と違うことはいいこと」。人と違うことを大切にしてと言われた。
✓ 江藤さんが、部署のメディアの構想を作ってくれた。ワクワク！
4/26
WED
✓ 私も何かしないと！と焦る。
✓ セミナーを開催することになりそう。
4/27
THUR
✓ 平岡さん「リーダーシップのワークショップのおかげで行動が変わった」と言ってくれた
✓ 全社会議で、リーダーシップワークショップの話をすることになった。
みんなのクチコミのおかげ。
✓ 小川さんにインスパイア。いい習慣作りしたい。早起きから！？
4/28
FRI
✓ ともさんのスムージー（キウィ、りんご、アボカド）美味しそう。作ってみる。
✓ 石山さんから学生向けの講演依頼がきた。思いきり話してみよう。
4/29
SAT
✓ 自転車ゲット！白いカラーがお気に入り！運動不足解消するぞ！
✓ "Full Out" 全てを出しきる！いい言葉。
✓ 英語クラス、点数が思ったより良くて、上のクラスに行けるかも。コツコツ大事。
4/30
SUN
✓ 自転車で渋谷→六本木→青山をサイクリング。気持ちいい！
✓ インスタグラム用の撮影で、青山の陶芸教室に。腰が痛くなってしまった。
1時間が限界。
✓ お母さんとお父さんが、お弁当を届けてくれた。感謝。

えたら、修正すればいいだけです。決めることで、はじめて「しっくりくる」のか、それとも「ちょっと違う」と感じるのかを確かめることができます。

違和感があることは悪いことではありません。「これじゃないかもよ？」と親切に教えてくれる、優しい声だと思ってください。

決められない人は、「どこかに正解がある」と誤解されていることも多いです。

本書では何度もお伝えしますが、正解はありません。そもそもない正解に合わせにいこうとすると、わからなくなるのは当然です。

あなたにとって何が大切かは、あなたが決める以外はありません。振り返りを続けることで、あなたの感覚を研ぎ澄ませていきましょう。

最後に、ある起業家から教えてもらった言葉を紹介します。

「自分で選んだ道が正解」

何かを決めるときには「選ばなかった道の方が、良かったらどうしよう」「後悔したらどうしよう」と不安になってしまうこともありますが、どの道を選んだとしても、自分で正解にする。そんな想いが込められた言葉です。

毎週、自分にとって大切なものを3つに絞って決めていく習慣をつけることで、徐々に大きな決断もできるようになっていきます。

5 ウィークリー振り返り（STEP2）「つながり」を見つけて、何が動いているかを把握する

日々記録していると、出来事が次の出来事へと、もしくは内面の想いが何らかの出来事へとつながっていくときがあります。

記録を振り返って、何らかのつながりが生まれていないか探しましょう。

さて、つながりを見つけ出すと、何がいいのでしょうか？　大きく2つの効果が期待できます。

自分だけの成功法則を見つけ出せる

つながりを見つけ出したら、何がいいつながりを生み出したのか原因を探してください。

例えば、自分のどの行動が良かったのか、どんなマインドが良かったのか、誰かキーパーソンはいたのか、いい環境が揃っていたのか、など、自分なりの成功法則を見つけ出します。そうすることで、他の場面でも成功法則を活かすことができるようになります。

つながりをただの偶然で終わらせず、次のつながりを主体的に生み出すことができるようになります。

つながりの中で、出来事を捉え直すことで、チャンスの目利き力が高まる

記録をもとに振り返ると、無数の小さな出来事が、実は下支えしていてくれたことがわかったり、意外な出来事が大切な鍵だったこ

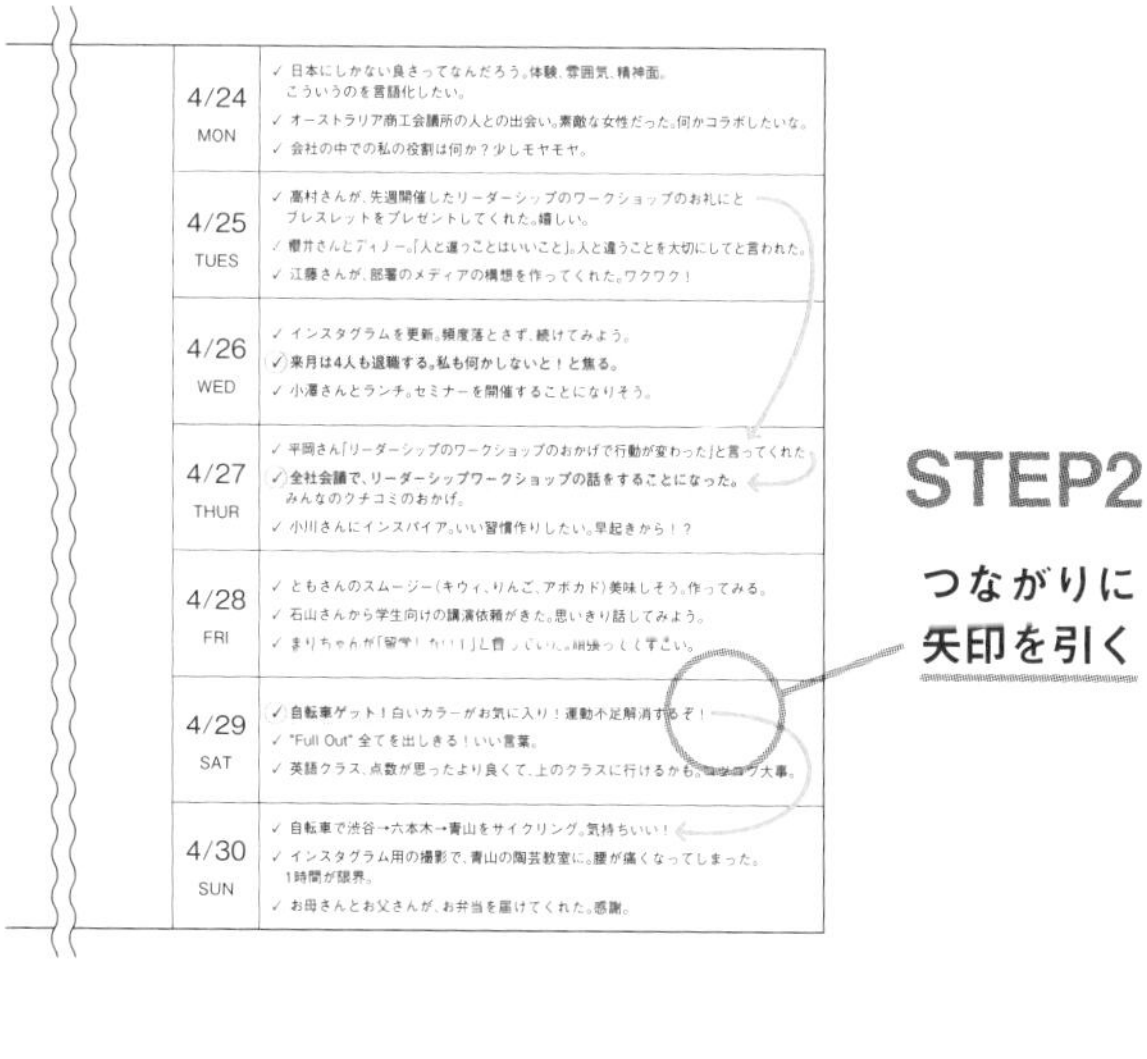

4/24
MON
✓ 日本にしかない良さってなんだろう。体験、雰囲気、精神面。こういうのを言語化したい。
✓ オーストラリア商工会議所の人との出会い。素敵な女性だった。何かコラボしたいな。
✓ 会社の中での私の役割は何か？少しモヤモヤ。
4/25
TUES
✓ 高村さんが、先週開催したリーダーシップのワークショップのお礼にとブレスレットをプレゼントしてくれた。嬉しい。
✓ 櫻井さんとディナー。「人と違うことはいいこと」。人と違うことを大切にしてと言われた。
✓ 江藤さんが、部署のメディアの構想を作ってくれた。ワクワク！
4/26
WED
✓ インスタグラムを更新。頻度落とさず、続けてみよう。
✓ 来月は4人も退職する。私も何かしないと！と焦る。
✓ 小澤さんとランチ。セミナーを開催することになりそう。
4/27
THUR
✓ 平岡さん「リーダーシップのワークショップのおかげで行動が変わった」と言ってくれた
✓ 全社会議で、リーダーシップワークショップの話をすることになった。みんなのクチコミのおかげ。
✓ 小川さんにインスパイア。いい習慣作りしたい。早起きから！？
4/28
FRI
✓ ともさんのスムージー（キウィ、りんご、アボカド）美味しそう。作ってみる。
✓ 石山さんから学生向けの講演依頼がきた。思いきり話してみよう。
4/29
SAT
✓ 自転車ゲット！白いカラーがお気に入り！運動不足解消するぞ！
✓ "Full Out" 全てを出しきる！いい言葉。
✓ 英語クラス、点数が思ったより良くて、上のクラスに行けるかも。
4/30
SUN
✓ 自転車で渋谷→六本木→青山をサイクリング。気持ちいい！
✓ インスタグラム用の撮影で、青山の陶芸教室に。腰が痛くなってしまった。1時間が限界。
✓ お母さんとお父さんが、お弁当を届けてくれた。感謝。
STEP2
つながりに
矢印を引く

とが見えてきます。「あれ？　たいした出来事だと思っていなかったけれど、すごく大事だったんだ！」「実は、この出来事が転換点だったのか」と、つながり方を学んで、出来事に対する自分の認識を修正することができます。

起きた当時はネガティブに思っていた出来事が、そのあと思わぬいいことにつながるというのは、よくあることです。

例えば、仕事で失敗してトラブルが起きたものの、そのおかげで改善が進んで、前よりずっといいサービスができたりすることもあります。

つながりを振り返ることで、出来事を捉え直し、チャンスを見つけ出す目利き力を鍛えていきましょう。

つながりの探し方

つながりの探し方ですが、3つのパターンがあります。

まずは、直接的な因果関係があるつながりです。

例　友達と約束をした→友達と会えた！

例　本を注文した→届いた！

例　お客さんへの提案を頑張った→受注できた

次に、間接的な因果関係のつながりもあります。

間接的なつながりには、自分だけの特徴が表れているので、とても大切です。

例えば、「趣味の読書の時間を持てたら、家族に優しくできた」とします。この読書の時間を持てることと、家族に優しくすることは、外から見たら関係がないことのように思えます。でも、本人にとっては関係があるのです。このように間接的な因果関係は、自分でしか発見できない、つながりの鍵を見つけ出すことができます。

例　とことん落ち込んだ→逆に吹っきれて、大胆に行動できた

例　憧れているAさんと話をすることができた→今週は頑張れた

ときには、因果関係がないように見える、不思議なつながりもあるでしょう。

例　お墓参りに行った↓いい知らせが立て続けに届いた

例「運がないときは死んだふり」という言葉を聞いて、ついていない時期におとなしくしてみた↓徐々に運が戻ってきた

人生には思わぬつながりもあるものです。

私は、社会人1年目のときに、研修で発表する日がありました。100人ほどの前でのプレゼンです。大勢の人前で話すことははじめてで、すごく嫌でした。人から見られることも嫌だったし、みんなの反応も怖かった。とにかく憂鬱で、明日が来なければいいのにと思うほどでした。

当日がきて、とうとう発表したのですが、私は目立たないように、とにかく無難にやりました。その結果、特に反応はありませんでした。いい評価も悪い評価もありません。それはそれでつまらなく感じて、「あの話も入れれば良かったかな……」と後悔しはじめる始末。私にとって苦い経験になってしまいました。

そんな風にモヤモヤしていたところ、休み時間に同期がすっと寄ってきて、こう言われ

たんです。

「山田さんの声、すごく好きなんです。いい声ですよね」

えっ？　声？　そこ？　声のことなんてまったく気にしていなかったし、それまで誰からも褒められたことがなかったので、すごく驚きました。でも、それと同時に避けて通りたかった「人前で話す」ということに、少し自信が芽生えた瞬間となりました。

その後、人前で話す機会があれば、なるべく手を挙げてみようと意識し、行動が変わりました。部署での発表、全社集会、セミナーなど、いろんな場面で話をするようになったのです。

今では、人前で話す講演が仕事になりました。そして、あの一言が、今でも私の最後の心の支えになっています。

出来事が起きたそのときには、どうつながるかなんてわからないものですよね。でも、未来からたどっていくと、つながりが見えてきます。

1本のメールからつながった自信

技術系の仕事についているMさんの事例です。

Mさんが属していた部署は、新しい方向性に舵を切ろうとしていました。それに合わせて、Mさんは新しい技術について学ぶ方法を探していました。そうしたら、とてもおもしろい本に出会ったのです。国から表彰されたこともある著名な方の本でしたが、技術についての難しい話を素人でもわかるような形で書かれていて、とても感動したそうです。調べてみたら、その方は大きな企業のトップをすでに引退されていました。

「もう引退しているなら、少し時間があるかもしれない。会社内で講義をしてもらいたい！」

Mさんはこう考え、会ったこともないこの方にメールしてみました。メールは淡々と書くのではなく、本を読んで感動したことをできるだけ伝えるように書いてみました。

そうしたら、返事がきて、社内の勉強会も快諾してくれたのです。

当初は部内の4名程度、という少人数で開催しようと考えていたのですが、講師の方から「オンラインだったら何人きてもらってもいい」と言ってもらいました。そこで募集をしたところ、社内で話題になって、80人くらい集まる大きな勉強会になりました。

勉強会は、とても良かったと参加者から好評だったそうですが、さらに副産物がありました。勉強会を開催したことで、Mさんはその分野の第一人者として、社内に認知してもらい、いろんな相談をされるようになったのです。

つながりのスタートは、本に感動して、1本のメールを出してみたことでした。Mさんの仕事に対する自信も高める経験となりました。ちょっとした行動で、想像以上のつながりが生まれることもあるのです。

6 ウィークリー振り返り（STEP3）「抽象化」して、自分がどんな人間なのかを言語化する

次にフォーマットの左ページに移ります。

左ページでは、右ページに書いている1週間分の記録を振り返って、抽象化できることを探し、そこから具体化できることを考えてみます。

まずは、抽象化からやっていきましょう。

ウィークリー振り返りでの抽象化は、自分を知るためにとても大切なプロセスなので、事例も多く紹介して、丁寧に解説していこうと思います。

ノートの中には、仕事のこと、家族のこと、趣味のこと、読んだ本のことなど、いろん

なことがバラバラに書かれていると思います。このバラバラの情報から、着目すべきものを取り出して、まとめていきます。一見、関係ない話に見えるものも、共通点を探し出して、「まとめて言うと何だろう？」と考えてみましょう。

では、何に着目して抽象化すればいいのでしょうか？

第1章でお伝えした、木のイメージ図を思い出してください。

まずは、葉っぱにあたる部分（自分の状態、気になっていること、大切な人）が見えてきて、徐々に幹の部分（関心、強み、思考・行動パターン）が見えてきて、根っ

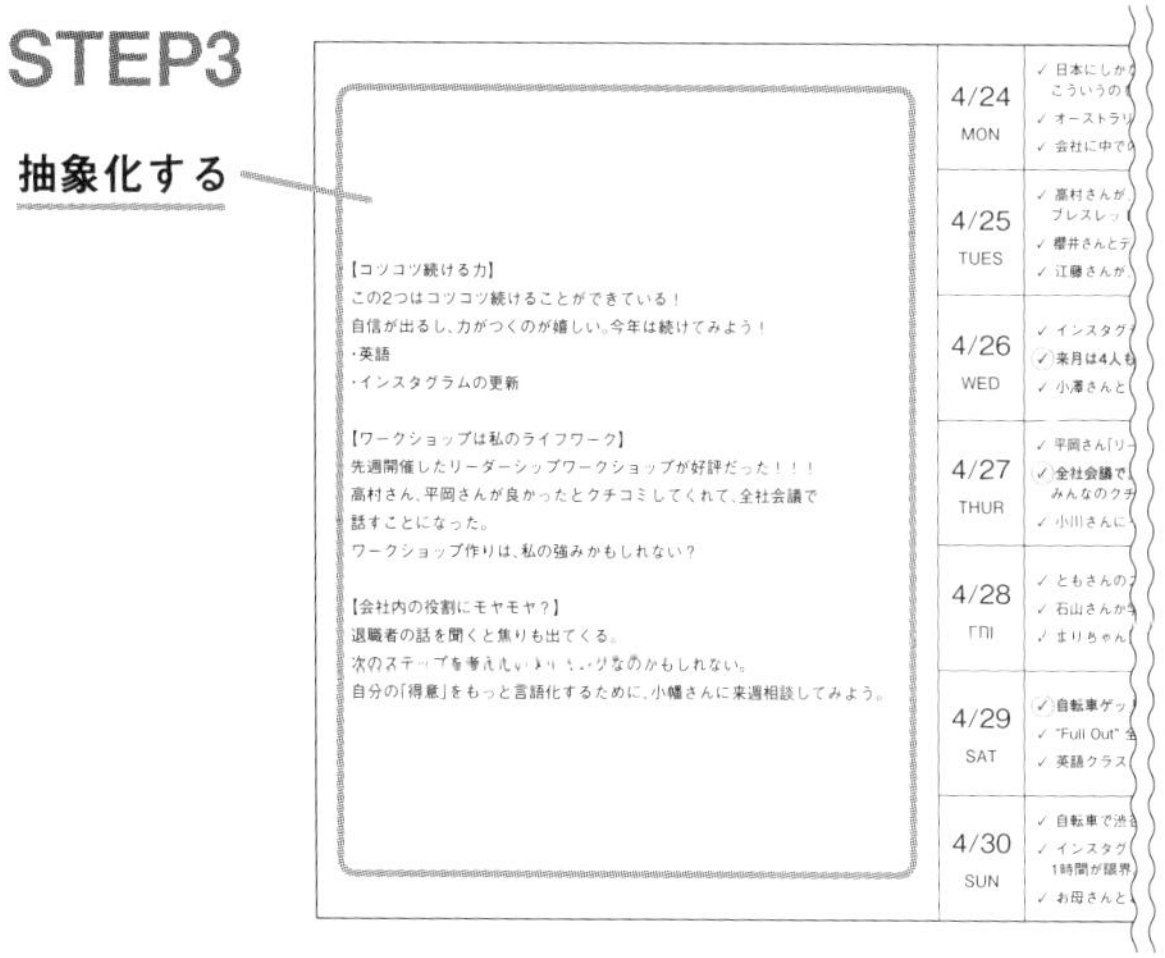

STEP3
抽象化する
【コツコツ続ける力】
この2つはコツコツ続けることができている！
自信が出るし、力がつくのが嬉しい。今年は続けてみよう！
・英語
・インスタグラムの更新
【ワークショップは私のライフワーク】
先週開催したリーダーシップワークショップが好評だった！！！
高村さん、平岡さんが良かったとクチコミしてくれて、全社会議で
話すことになった。
ワークショップ作りは、私の強みかもしれない？
【会社内の役割にモヤモヤ？】
退職者の話を聞くと焦りも出てくる。
自分の「得意」をもっと言語化するために、小幡さんに来週相談してみよう。
4/24
MON
4/25
TUES
4/26
WED
4/27
THUR
4/28
4/29
SAT
4/30
SUN

この部分（パターンを生み出している信念や固定観念、望み）にたどり着きます。

8つの項目に分けて、それぞれ事例とともに説明しますが、毎週8つの項目すべてを書き出す必要はありません（次ページの図参照）。最初の3カ月は葉っぱが見える期間だと思って①〜③を振り返ってみてください。3カ月〜6カ月経って振り返りに慣れてきたら④〜⑥を、6カ月以上経ったら⑦〜⑧を振り返ってみてください。

抽象化を深めていくには、振り返りの蓄積が必要になります。

特に、幹と根っこは、1週間の記述の中から見つかるというよりも、毎週の振り返りを続けている内に、振り返りの蓄積ができて、徐々に抽象度の高いものが見えてきます。

抽象化で見えてくること

下にいくほど抽象度が高くなります

葉っぱが見える時期	①自分の状態 一今週のあなたの頭・心・体はどういう状態？ ②気になっていること 一あなたの頭と心の面積を大きく占めているものは？ ③大切な人・キーパーソン 一今のあなたに大切な人は？
幹が見える時期	④関心 一あなたは何に関心を持っている？ ⑤強み 一あなたの強みは？ ⑥思考パターン・行動パターン 一どんなパターンを繰り返している？
根っこが見える時期	⑦思考パターン・行動パターンを生み出している信念・固定観念(メガネ) 一あなたのパターンを生み出している根源は何？ ⑧望み 一あなたは何を望んでいる？　どうなりたい？

① 自分の状態

今週の自分の状態はどうだったでしょうか？

頭と心と体、それぞれに着目してみましょう。言語化に慣れていない間は、「今週はちょっと疲れてたな」「よく頑張った1週間だった」くらいの振り返りでも大丈夫です。自分の状態に気づけることは、自己理解の第一歩になります。まずは自分を客観視して、言語化する習慣を持つことが大切です。

例　今週はいい感じで仕事がはかどった。時間管理をやめて、タスクをリスト化したタスク管理方法の方が動きやすいのかも。

例　家族の旅行の予定を立てたら、みんな喜んでくれて、エネルギー満タンで1週間を過ごせた。こういう楽しい予定は年に何回か入れたいな。

例　毎日の記録がすべて説明調で、感情表現が乏しいことに気がついた。感情が、鈍くなっているのかもしれない。もう少し敏感になってみよう。

②気になっていること

何か気になっていることはあるでしょうか？

心配やモヤモヤなどのネガティブな感情で気になっていることもあれば、何かに惹かれるなどポジティブな感情で気になっているものもあります。自分が気になっていることを言葉にしてみましょう。

例　腸活っていうキーワードが気になった。発酵食品を調べてみようかな。

例　「お金」について書いてあることが多い。お金のことを考えるのは、はしたないって思っていたけれど、もっとちゃんと考えてみたいのかも。

例　SNSでシナリオライターの講座を見つけた。ちょっとだけ気になっている。

よく出てくる人の名前から、ストレスになっているものを見つけた事例

外資系企業で働くYさんの事例です。

当時、新しいプロジェクトチームに入り、慣れないことが多く、ストレスが多い日々を送っていました。仕事量が増えて疲れていたり、上司にあたるプロジェクトマネジャーとうまくいかなかったり、体調が悪かったりと、いろんなことが重なって、何が自分のストレスになっているかが、自分でもわからなくなっていた時期でした。

ところがノートを見返すと、ストレスのもとが明確に見えてきました。例えば、こんなことを書いていました。

●プロジェクトマネジャーの仕事の進め方やキャラクターに慣れない。気にしないようにしているけれど、ストレスになっている。感情的で威圧的で、それに引き込まれないようにしている。

●プロジェクトマネジャーがまた感情的になったけれど、自分は落ち着いていられた。改めて、自分自身は人として品格は大事にしようと思った。

●外部コンサルの人とのミーティング。プロジェクトマネジャーの威圧がすごすぎて、嫌な気持ちになった。このプロジェクトの引き際を考えよう。

このように、ノートの記録にはYさんの上司にあたる「プロジェクトマネジャー」とのいざこざの話が圧倒的に多かったのです。1週間に何度もこの上司の名前が出てきていました。ノートで客観的に振り返ることで、この上司との関係が、最大のストレスであることが自覚できました。

実は、ストレスは元凶がわかると、半分くらいは解決したようなもの。Yさんは「このプロジェクトマネジャーとの関係にまずは対処しよう」と自分にできることをやる決意ができました。その後、何度も話し合いをし、自分がどんなことを嫌だと思うか、どんな関係を望んでいるかを伝えました。そのプロジェクトマネジャーも、Yさんの仕事のことを前よりも理解し、態度が大きく改善されたそうです。

ノートに書くと明らかに見えますが、実際の日常生活の中だとあれこれ考えないといけないことが多く、しかも、それぞれが複雑に絡み合い、何が気になっているのか、自分でもよくわからなくなってしまうことがあります。そんなときに、ノートが壁打ち相手となってくれて、気になっていることを特定するのに役立ってくれます。

③ 大切な人・キーパーソン

あなたにとって、大切な人・キーパーソンとなるような人はいたでしょうか？ もし見つかったら、左ページにその人の名前を改めて書き出し、その人が自分にとってどう大切なのか、どんな存在なのかを言語化してみてください。人間社会は、人の縁でできています。大切な縁を見つけ出し、その縁をより活かすことができると、一人ではできなかったことを成し遂げることができます。

例　前職の同僚の小川さんと渡辺さんは、いつも新しい挑戦をするときに応援の言葉をくれる。ありがたい。二人が何かはじめるときは、私も応援しよう。

例　美容室でお世話になっている石田さん。私にとってサードプレイスのような場所で、気取らず話せてホッとする。

例　転職を考えていることを先輩の鈴木さんに伝えたら、相談に乗ってくれた。前も困っているときに、スッと手を差し伸べてくれたのを思い出した。

パートナーの大切さに気がついた例

結婚して12年、二人の子どもにも恵まれ、忙しく過ごしてきたMさんの事例です。奥さんのことは、だんだんと当たり前の存在になってしまい、感謝の気持ちを忘れていました。ところが、ノートの記録を振り返ると、奥さんのことがたくさん書かれていることに気がつきました。

- ランチでの出来事を妻と一緒にいることで笑い飛ばせた。妻と一緒だったら、たいていのことは笑い飛ばせる気がした。
- 仕事をすること、お金を稼ぐこと、家庭を守ること、どこか一人でやらなきゃいけないって思ってたけど、妻と二人でやればいいんじゃないかって思った。自分には頼もしいパートナーがいるんじゃないかって改めて気づいた。
- 友人のKさんと話していて、ずっと行きたくても行けていなかったお墓参りに行くことを後押ししてくれたのは妻であることに気づいた。普段の会話から妻が自分の思いを後押ししてくれたということに気づいた。

ノートを見返していると、奥さんは、自分が思っていたよりもずっとMさんのことを支えてくれたり、自分の力になってくれていると気がつくことができたそうです。そこに気がついたあとは、奥さんが自分のためにと考えて行動していることに、前よりも意識がいくようになりました。改めてお礼を言うこともできるようになったそうです。

④関心

あなたは何に関心を持っているでしょうか？

よく「好きなことを仕事に」と言いますが、それは関心に勝るエネルギーはないから。関心が強いものは、時間を忘れて行動できるし、誰から褒められなくても、評価されなくても続けていけるものです。

起業や副業を考えている人は、自分の関心を明確にしてみてください。事業を創るときの大切なヒントになると思います。

関心を持っていることは、自然と行動してしまっていることが多く、自分では特別なことだと自覚していないことがあります。気をつけて探してみてください。

例　知り合いに副業をはじめている人が増えている。自分も個人で事業をはじめてみたい。

例　絵画も、本の表紙も、ポスターも、自分が気になるものは、色の組み合わせにハッとするものだった。色の合わせ方に関心があるのかも。

例　インスタグラムでフォローしてくださった方を見に行ったら、整理収納アドバイザーと書いてあった。私も興味があったのを思い出した！

自分の関心に気がついて、まったく違う業界に転職

外国語大学を卒業して、翻訳会社や保険の代理店で事務職の仕事をしていたAさんの事例です。コロナのタイミングで働いていた会社の経営が悪化し、Aさんは失業してしまいました。次の働き口として前職と似たような事務職の仕事を探していたのですがそんなときに、普段から通っていた飲食店の店長と話していたら「うちで働いてみない？」と声をかけられたのです。

そこで次の転職先が決まるまで、一時的なバイトならいいかもと思い働きはじめました。

実はAさん、のんびりした性格なので、テキパキと動き回らないといけない飲食店は向いていないと思っていたのです。学生時代のバイトでもやったことがありませんでした。

ところが、ある日ノートを振り返ると、バイトのことがたくさん書いてあることに気がつきました。

●(お客様の)Tさんが見送りにきてくれたことが嬉しかったと言ってくれた。特に考えてしたことじゃないのに、そんな風に思ってもらえるとこちらも嬉しい。

●女性のお客様のドリンクは氷なしが多いと気づいた。事前に確認しよう。

●(お客様の)Nさんに「いつもありがとうございます」と言ったら、覚えていることにびっくりされた。少しずつ+αの接客ができたらいいな。

●日本酒を任せたいと言われた。嬉しい!

いつかはやめる一時的な仕事だと思っていたけれど、毎日のようにバイトのことを書いていたのです。

「あれ、実は私、この仕事すごく好きなのかも」

Aさんは、ノートを見て、飲食店での仕事に対して、自分の関心の高さを自覚したのです。考えてみたら、お客さんと交流することも好きだし、日本酒も好き。この仕事は向いているのかもしれない。こう思いはじめていた頃、社員にならないかと声がかかりました。ただ、飲食業界は勤務時間も長いし、お給料の面でもこれまでとは違う。楽しい気持ちだけで、本当にやっていけるのだろうか。こんな風に悩んだのですが、ノートの中の自分がイキイキしているのを見て、思いきって入ってみようと決断しました。

Aさんにとっては「まさか」の転職だったそうです。

なんとなく好きだった人との交流やお酒が、仕事になるとは思っていませんでした。でも、自分の関心を自覚し、行動が加速しました。Aさんは日本酒の利き酒師の資格を取り、さらに得意な英語を活かして、国際利き酒師になるべく、勉強を続けています。

彼女の最近のノートには、こんなことが書かれていたそうです。

● 天職とは気づきがあるかどうかで決まるらしい。今の仕事は、気づきがあふれている。私の天職かもしれない。

⑤強み

あなたの強みは何でしょうか?

ノートの中では、謙虚さは不要です。自分の強みや得意なところを、根掘り葉掘り探してみましょう。

人との比較は必要ありません。上には上がいるのは当たり前。あなただけでなく、全人類がそうなので、「自分よりできる人がいるから、強みとは言えないかな?」と萎縮しないでください。強みのタネがあればいいのです。タネになりそうなものがあれば、ぜひ書き留めてみてください。そこから育てていくことができます。

例えば、私の場合、プレイヤーとして、すでに決まっているタスクを完成させることよりも、自分でコンセプトを考えたり、それがどうして大事なのかを伝えて、マネジメントをすることの方が得意です。もちろん、私よりマネジメントが得意な人なんて世の中にごまんといますが、それは別の話。自分の中で得意なものを活かしていけばいいだけです。

いきなり強みを見つけ出すことができない方は、苦手なことを探し出し、むしろこっちの方が得意だというものを見つけ出してください。自分の中での比較で探し出すのです。

例えば、言葉で人に説明するのが苦手な方がいました。でも、その方はイラストや図で伝えることは苦ではなく、むしろ得意だったのです。そこに気がついたら、積極的に自分の強みを活かせるようになりました。苦手から、強みを見つけ出すこともできるのです。

例　取引先のKさんに、「あとから社内承認をひっくり返されることが多いのに、あなたは一度もない」と驚かれた。事前の根回しはいつも慎重にやっているけれど、それが実は強みかもしれない。

例　たいがいのことは寝たら忘れる。メンタルが強いのは、今の時代では大事な強み。

例　資料作りを褒められたのは3回目。こだわるのは嫌いじゃない。もっと資料作りの仕事を増やしてみよう。

「達成感を得ること」が自分の強みだと自覚した例

ＩＴ企業に勤めるＧさんの事例です。

ストレングスファインダーという強みを見つける診断があるのですが、Ｇさんは「達成欲」が強みのトップ５に入っていました。達成欲とは、何かを成し遂げる力が強いことを指します。

ノートに書いたことを振り返ってみると、Ｇさんは達成感を得たときに、自分を誇りに感じるということを発見しました。ノートにはこんな言葉が並んでいました。

- お客さんと調整する段取りを組んだ。見積書を直して送った。お客さんの情報を聞いた。担当内の分担を整理した。送別会の準備をした。
- 勇気を出してやることをやった。トラブルがあったので、お客さんにすぐ電話して調整した。やるべきことを躊躇せずやった。
- 朝始業前、8時半から急いで集中して仕事をした。仕事の切り替えの準備、稼働報告をまとめた。朝だと問い合わせもないから、一気に片づけた。

Gさんの場合は、その日に仕事でやったことをノートに書き出していることが多かったのですが、なぜ、そんなことを書いているのかを考えてみました。そうしたら、夜に、今日1日で何をしたのかを書き出すことは、彼にとって「達成感」を得られる大切なプロセスだということがわかりました。

達成感をどういう場面で得られるかは人によって違いますが、Gさんの場合は、「難しいこと」「やったことがないこと」「めんどうだと思うこと」ができたときに、特に達成感を得られていることを発見しました。

強み診断でも、結果は出ていたのですが、実際に自分の具体的な事例をノートで発見すると、自分の強みをなお一層確信したそうです。

⑥思考パターン・行動パターン

あなたが繰り返している思考パターン・行動パターンはあるでしょうか？

あなたが繰り返している思考や行動を引き起こす、出来事やシチュエーションの共通点を探すことで、自分の思考パターン・行動パターンが見えてきます。

例えば、自信が生まれるパターン、フットワーク軽く動けるパターン、落ち込むパターン、自己嫌悪が生まれるパターンなど、いろんなパターンがあります。増したいパターンもあれば、減らしたいパターンもあるでしょう。

この思考パターン・行動パターンは、1個の記述だけで見つけるのは難しいので、複数の記述の共通点から探してみてください。毎週の振り返りを続けていると、「あれ？　前にも似たようなことがあった？」と気がつくことがあると思います。そのときが、自分のパターンを見つけ出すチャンスです。ノートをパラパラと見返して、似たようなことを書いている記述を見つけ出し、どんなパターンを繰り返しているか言語化してみてください。

例　早起きできている日は、気持ちよく過ごせる。自分との約束を守れると、自信を持てるのかもしれない。

例　気づいているのに声を上げない人を見るとイライラしてしまう。気づいているのに、何もしないことに腹が立ってしまう。

例　初対面の人とうまく話せず落ち込んでしまうことが多い。特に自己紹介が苦手。

何がおもしろいと感じるのかを言語化することに喜びを感じる思考パターンを発見

メーカーに勤めるMさんの事例です。この方は、人の話を聞いて、どこがおもしろいのかを言語化し、自分でも取り入れようとしている思考パターンを発見しました。

- Kさんはコロナに対して痛みのある立場からコメントしていた。
- Nさんが漫画のワンピースを例に出して話をしていた。そうすることで、話が具体的でクリアになり、議論しやすくなった。人は具体例の方が扱いやすい。
- Rさんが『夜と霧』というアウシュビッツで過ごしたことがある精神科医の本を読んで、「(重く苦しい本だから)本能的にバランスをとって、ラブコメを読みがちになった」と言っていた。夜と霧のカウンターってラブコメやねんなぁ。

ノートに書いてある、これらの記述は一見関係がない話に見えるのですが、ここに彼の思考パターンの特徴がありました。

Mさんは、人の話を聞くときに、「人の発言のどこにおもしろさがあるのか?」「人がどういう表現をするとより伝わるのか?」を意識しながら聞いていたのです。そして、いいと思ったところを学んで、取り入れていました。Mさんの場合は、意識してやっていたわけではなく、純粋な興味でやっていたのだそうです。

思考パターンには、増やしたいパターンと、減らしたいパターンの両方があると思いますが、Mさんの場合は増やしたいパターンだったので、もっと意識してこの力を使っていくことにしました。

⑦思考パターン・行動パターンを生み出している信念・固定観念

あなたの思考パターン・行動パターンを生み出しているもととなる信念や固定観念は何でしょうか?

本書では、いいパターンの根源を「信念」と呼び、手放したいパターンの根源を「固定観念」と呼びます。

この根っこを探るためには、自分に質問してみましょう。

いい思考・行動パターンの場合

次のような質問をして「信念」を探ります。

- この思考（もしくは行動）の背景にある信念は何か？
- 何がきっかけで、その信念を抱くようになったのか？

例　マイノリティ（少数派）の人を見るとついつい味方をしたくなる。マジョリティ（多数派）だけでなく、マイノリティも含めて、みんなが居心地よい環境を作りたい、という信念を持っている。幼い頃によく転校をしていて、なじむのが毎回大変だった経験から、そう思うようになったのかもしれない。

手放したいパターンの場合

次のような質問をして「固定観念」を探ります。

- こう考えないといけない（こう動かないといけない）と思っている固定観念は何か？
- いつから、こう考えるようになったのか？（こう行動するようになったのか？）
- 何かきっかけはあったか？

・近くに似たような思考・行動パターンの人はいたか？

例　人にお願いをするのが苦手だ。

もしかしたら、何かお願いをすることは、迷惑をかけることであると思い込んでいたかもしれない。子どもの頃、親が共働きで忙しかったから、なるべく手間をかけないように気を使っていた。そのときのクセで、この固定観念が生まれたのかもしれない。

自分を小さく見せてしまう行動パターンから、自分の固定観念に気がついた事例

人生で3回目の転職活動をしていたKさんの事例です。

Kさんは転職活動中に書いていたノートの記録から、自分の手放したい行動パターンを見つけ出しました。Kさんは、面接や評価面談など、自分のキャリアを評価される場面になると、ついつい自分を小さく見せてしまう言動をとっていたのです。ノートの中のこんな記述から、そのパターンを発見しました。

- 面談で、担当者が「デジタルは苦手」と言ったときに、とっさに「私もです」と言ってしまった。面談が終わってから、「私は、そこまで苦手ではなく、むしろできる方だったのに……」と思った。
- 面談で「英語で修士論文を書きました。でも、そこまで英語ができる方でもないです」と言ってしまった。自分が何を頑張ってきたのか、もっと伝えるべきだった。自分を小さく見せてしまった。
- 私は自分のことを評価される場面になると、こちらも対等に評価する権利があることを忘れて、その権利を自ら放棄してしまう。

なぜ、こういう行動パターンを繰り返してしまうのか、その奥にある固定観念を探ってみました。そうしたら、萎縮して自分を小さく見せて「私は、とるに足らない人間」だと伝えることで、何かを許してもらえると思っているのかもしれない、ということに気がつきました。

さらに深掘りをしてみると、子ども時代の記憶が浮かんできました。Kさんの記憶によると、母親は自分のことを「できない人」「ダメな人」だと卑下する言動をとっていました。

Kさんからすると、母親は自分を小さく見せることで、世の中に許してもらっているように見えたそうです。今よりずっと「出る杭は打たれる」時代だったのかもしれません。

でも、いつしかKさん自身も、無意識で母親と同じ行動パターンをとっていることにノートを振り返って気がつきました。

ただ、こういう言動をとったあとは、「なんで、あんな風に自分を小さく見せてしまったのだろう」と必ず後悔をする自分がいることも自覚し、Kさんはこの行動パターンを変えようと決めました。

自分が繰り返しているパターンを見つけ出し、そのパターンはどこから生まれたのかを深掘りしてみてください。根源がわかると、スッと手放すことができることも多いです。

⑧望み

あなたは何を望んでいるでしょうか？

「こう生きたい」「（自分が）どうありたい」というイメージが見つかる場合もあれば、「あの人とはこういう付き合い方をしたい」「仕事のときはこういう自分でありたい」といった、ピンポイントの望みや想いが見つかる場合もあります。

どうありたいかを考えるのが難しい方は、こうはなりたくないという方向から考えてみるのもひとつの手です。「これは嫌！」「こうしたくない！」というのを探してみてください。それもあなたの望みや想いです。

例 大切な人のお祝いを心から喜べる人でありたい。そのためには、いつも自分が満たされていることが必要。自分で自分を満たせる毎日を暮らしたい。

例 家をリフォームして、こだわりの部屋に住みたい！

例 仕事を引退しても、ずっと社会との関わりを持っていたい。非営利で何か社会にいいソーシャルグッドなことをしたい。何をするか、今から準備をはじめよう。

望みに気がついて、小さい頃から好きだったことを仕事にした

20年間、リースの会社に勤めていたMさんの事例です。毎日、子育てと仕事だけで精一

杯。それ以外は、何もできませんでした。好きなことで仕事を選んでいなかったので、お金のためにずっと我慢して働き続けていました。出世して管理職にもなりましたが、上からは無茶な指示を出され、下からは文句を言われる日々。ある日、糸が切れるような感じで「辞めます」と言って会社を退職してしまいました。

辞めてスッキリ！　となるかと思いきや、次の仕事をどうしようという新しい悩みができました。通っていたヨガの先生には「好きなことで生きていいんだよ」と言われましたが、自分は何が好きなのか、まったく思い浮かばなかったそうです。そんな中で、ノートの振り返り習慣をはじめました。

「いったい自分は何が好きなんだろう？　何を望んでいるのだろうか？」、こんな問いを持ちながら振り返っていたら、少しずつ好きだったことを思い出したそうです。ノートには、こんな言葉が並んでいました。

- 「ローフード好きでしょ？」とAさんにおすすめされた。
- ロースイーツを作ってみた。

●ヴィーガンのタイカレーの教室に行ってみた。

もともとMさんは小学校のときから、パンやお菓子を作るのが好きでした。子育てと仕事で忙しくなってから、好きということをすっかり忘れていたそうです。でも、ふと部屋を見渡すと、お菓子の本が本棚に並び、小学生のときに作ったレシピもありました。

思い返すと、昔に人から「お菓子作り、好きでしょ」「お店やったら？」と言われていたこともありました。でも、自分の好きなんて、たいしたことじゃないと思っていたし、ましてやお店なんて、まさかできるなんて思ってもいませんでした。そもそも、好きな仕事で生きていくなんて、許されることだと思っていなかったのです。

でも、本当は違ったのです。「好きな食を仕事にしたい」という望みが出てきました。

最初はカフェをはじめることを考えたそうですが、結婚記念日に、特別な酵母で作るパン作りと運命的な出会いがありました。「これはいいかも！」とピンときて、この酵母で作るパン教室をはじめようと決意しました。そして、本当に、2年後の春に開業したのです。

Mさんいわく、「好きなことを仕事にできるなんて、自分でもびっくりしている」そうです。

憧れに蓋をしていただけで、実は長年望んでいたことに気がついて、人生が大きく変わっていきました。

7 ウィークリー振り返り（STEP4）「具体化」して、行動を加速させていく

ウィークリー振り返りの最後のステップです。

具体化をしていきましょう。

具体化とは、行動に落とし込むことです。

右ページに書いた1週間の具体的な記録を見て、行動してみたいことを思いつく場合もあるでしょう。もしくは、抽象化したことから、何か行動してみたいことを思いつく場合もあると思います。どちらでも構いません。

具体化の大切なポイントは、「今すぐに動けるまで落とし込む」ことです。

行動が早い人は、この具体化が得意です。具体的になっていると、動きやすくなるから

です。
やりたいことがあるのに全然行動できていない方、いつまでも夢が実現されない方は、根性論にまどわされずに、ぜひこの具体化スキルを鍛えてみてください。

「4W1H＋予算」で具体化する

具体化するには、5W1Hならぬ「4W1H＋予算」に落とし込んでみてください。

When（いつ？）
Where（どこで？）
Who（誰と？）
What（何を？）

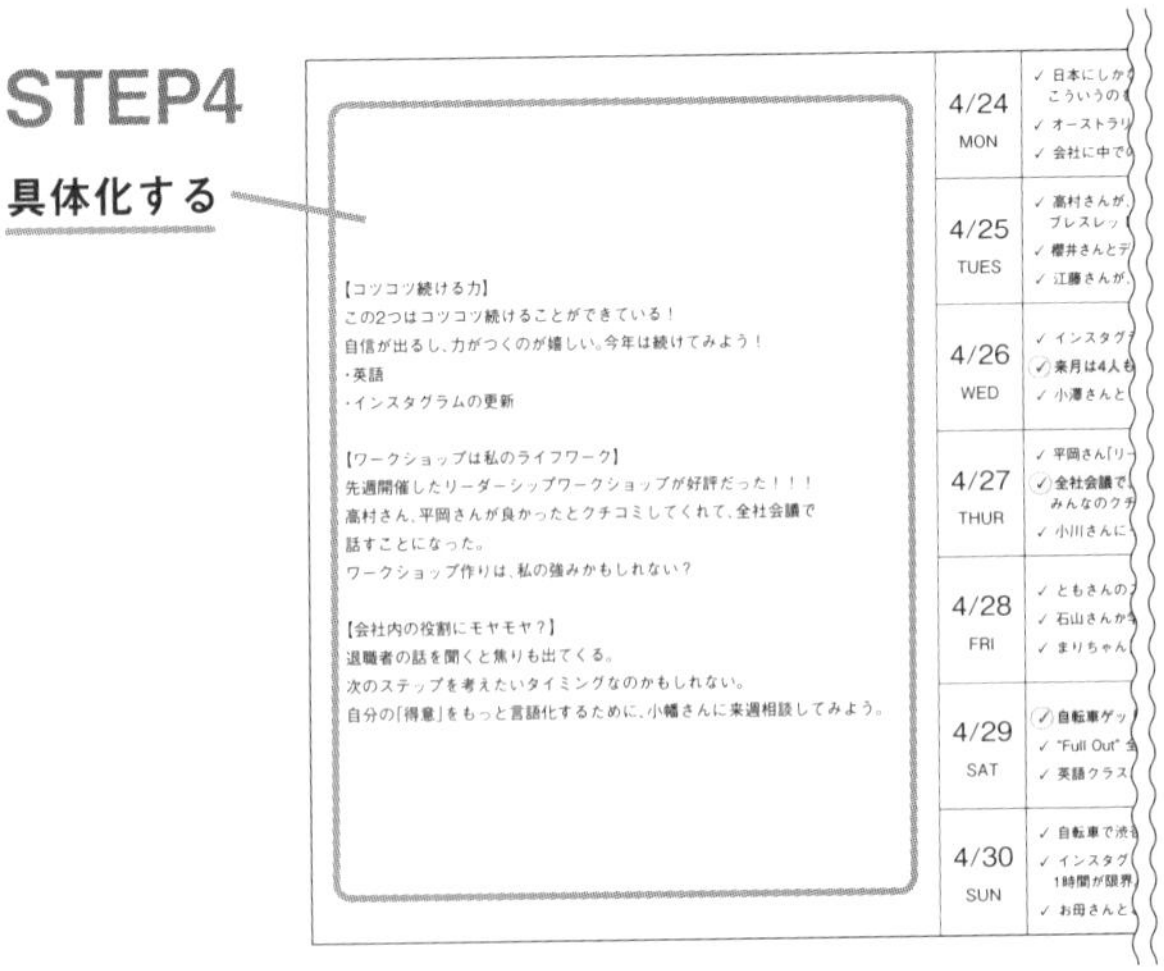

STEP4
具体化する
【コツコツ続ける力】
この2つはコツコツ続けることができている！
自信が出るし、力がつくのが嬉しい。今年は続けてみよう！
・英語
・インスタグラムの更新
【ワークショップは私のライフワーク】
先週開催したリーダーシップワークショップが好評だった！！！
高村さん、平岡さんが良かったとクチコミしてくれて、全社会議で
話すことになった。
ワークショップ作りは、私の強みかもしれない？
【会社内の役割にモヤモヤ？】
退職者の話を聞くと焦りも出てくる。
次のステップを考えたいタイミングなのかもしれない。
自分の「得意」をもっと言語化するために、小幡さんに来週相談してみよう。
4/24 MON
4/25 TUES
4/26 WED
4/27 THUR
4/28 FRI
4/29 SAT
4/30 SUN

How（どうやって？）
How much（いくらかかる？）

この4W1Hをクリアにすることで、具体的になり、動きやすくなります。

「いつ？」は日付まで決めてみましょう。

「どこで？」は、エリアをできるだけ細かくしてみましょう。

「誰と？」は、固有名詞を入れてみてください。

「何を？」と「どうやって？」は、自分がどう動けばいいのかが、はっきりとイメージできるまで落とし込んでください。


例えば、「英語を勉強する」だけだと、教科書を読むのか、ヒアリングをするのか、英会話スクールに通うのか、選択肢が多すぎて、実際にどう動いていいかがわかりません。誰が聞いても同じ動きができるまで具体化してみましょう。「○○の教科書の56ページから64ページまで読んで、わからなかったところにチェックを入れる」まで具体化したら、誰が聞いても、同じ行動をとれます。

最後に、予算が必要な場合は、いくら必要なのかを決めてください。

実際に費用を調べてみると、「たったこれだけ？」と思った以上に少ない場合もあります。また、思った以上に予算が必要な場合は、どうやってその費用を工面するのかを考える次のステップへいけます。

具体化がわからなければ即検索

自分の頭で考えなくてもできる、最も簡単な具体化の方法があります。

それは、検索してみること。

こんな当たり前で、簡単なことをやっていない人は意外と多く、「うーん、うーん、何からやればいいのか」と頭を悩ませてしまう人も多いんです。

インターネットとＳＮＳの登場によって、ありとあらゆる情報にアクセスできるようになりました。

どうやって？（Ｈｏｗ）に関しては、もう追いきれないほど情報はあふれています。もはや自分で考える必要はゼロなのです。

例えば、「いつかエジプトに行ってみたい」と思っていた方がいました。ふんわりとした憧れでとどまっていたので、エジプトに旅行に行くためにいったいいくら費用がかかるのかも知りませんでした。でも、ネットで検索したら、一発で出てきます。いくら必要なのか、何月に行くのがおすすめなのかわかったら、あとは、いつ実現するのか決めるだけ。

インターネットがない時代は、わざわざ詳しい人を見つけて聞きに行ったり、旅行会社まで出向いて窓口で聞いたりする必要がありました。そういう時代に、具体化するのは大変だったと思います。でも、今はスマホを取り出せば、たった数秒で調べることができます。

もちろん、どの選択肢が自分に合うかは、実際に試してみないとわかりません。でも少なくとも、選択肢を見つけ出すことは簡単です。具体化に迷った場合は、まずは検索してみましょう。

純度100%のやりたいことを探す

ひとつ注意点があります。義務でやらないといけないToDoリストはスケジュール帳に書いて、このノートには書かないでください。

左ページに書くのは、純度100％の「やりたいこと」だけです。

なぜなら、純度100％の、内側から湧き出るモチベーションの源泉を見つけ出すためには、本当にやりたいことだけに絞って書くことが大切だからです。

大人は日々やることがたくさんあるので、「やりたいこと」と「やらないといけないこと」が、ごちゃごちゃに絡まりがちです。そうすると、どれが本当にやりたいことなのかが、わからなくなってしまいます。

「どうしたいの？」「何かしたいことある？」と聞かれたときに、ふと、「あれ、わからない」となってしまう方は、「やりたいこと」と「やらなきゃいけないこと」が、ごちゃごちゃに絡まっている可能性が大きいので要注意です。

私は最近、人生ではじめて本気の断捨離をしました。テーブルも、椅子も、ベッドも、照明器具も、クローゼットからあふれる服も、あらゆるものを捨てました。そこで気がついたことがあります。それは、大切なものと、そうじゃないものが、同じ場所に混在していると、何が大切かわからなくなってしまう、ということです。

断捨離前の私の部屋にも、大切なものはありました。例えば、親が買ってくれた鏡台、奮発して買ったクッション、旅先で買った思い出のマグカップ……。でも、これらの大切なものと、たいして気に入ってもいないものが、ごちゃ混ぜに一緒に置いてあると、大切なものまで、色あせてしまうのです。

気に入っていないもの、使っていないものをすべて捨てたら、大切なものが光り輝きはじめました。

頭の中も同じです。やらなきゃいけないＴｏＤｏと、本当にやりたいことは明確に区別することで、本当にやりたいことが光って見えてきます。

ＴｏＤｏリストは、スケジュール帳に任せて、ノートの中は純度１００％の「やりたいこと」で埋め尽くしていきましょう。

8 マンスリー振り返り

マンスリー振り返りは、毎日の記録を1カ月単位で振り返ります。

マンスリー振り返りは、月をまたいだ、より大きな流れが見えてくるので、人生の方向性を考えたり、大きな決断をすることに役立ちます。ウィークリー振り返りとセットで実践することで、より深く自分のことを理解できるようになります。

フォーマットは、1年間が一覧できるフォーマットを使います。

「内面」「行動」「結果」に分けて書くことで、何が大切な鍵となっているのか見えてきます。

振り返りは慣れたら、10分ほどでできます。じっくりと振り返りたい方は30分ほど使ってみてください。

マンスリー振り返りフォーマット

	内面	行動	結果	MEMO
1月				
2月				
3月				
4月				
5月				
6月				
7月				
8月				
9月				
10月				
11月				
12月				

1年間1ページのフォーマットを用意する

①マンスリー振り返り（STEP1）1カ月のトップ3を「絞る」

「内面」「行動」「結果」それぞれについて、その月の大切なものを1〜3つ、書き出してください。

内面：気づきや想いなど、その月の大切な内なる声を書く
行動：その月に行った行動を書く
結果：その月に出た結果を書く

内面、行動、結果はその月の中で紐づいていなくて大丈夫です。
例えば、3カ月前の行動によって今月結果が出ることもありますし、2カ月前の想いがあって今月やっと行動に移す場合もあると思います。それぞれ独立した項目として考えてください。

内面の項目を書けるのは、日々記録をしている賜物です。行動と結果に関しては、スケジュールを見返せば何をやったか思い出せるのですが、気づきや想いといった内なる声に関しては、あとから思い出すことはほぼ不可能です。

行動に入れるのか、結果に入れるのか迷った場合は、あまり気にせず、自分の判断で好きな方に入れましょう。例えば、転職活動中の方が「最終面談に臨んだ」ということを書く場合、行動でもあり、最終面接にいけたという結果でもありますが、自分の感覚でどちらに入れるか選んでもらえば大丈夫です。

書き出したら、まずは見つめて、自分を労い、褒めてあげてください。

できていないことではなく、できたことを探し出しましょう。自分なりのグッドポイントを探してみてください。振り返りを自分に対するダメ出し時間にしてしまうと苦しくなり、続かなくなってしまいます。いいところが見つかったら、自分を労い、テンションが上がる声掛けをしてみてください。

このマンスリー振り返りは、自信を取り戻す時間にもなります。

忙しい毎日が過ぎていくと、ついつい「何かやったっけ？　何もやっていない気がする……」となってしまう人もいますが、それはただ何をやったのか忘れているだけです。書き出してみると、実はいろんなことを考え、いろんな行動をしている自分が見えてきます。自分に厳しい人ほど、このマンスリー振り返りはおすすめです。

②マンスリー振り返り（STEP2）「つながり」を見つけて矢印を引く

マンスリーページ全体を見返し、「つながり」を探して、矢印を引いてください。

例えば、前月の行動が、今月の結果につながっているかもしれませんし、半年前の気づきが、今月の行動に強く影響しているかもしれません。すでに記入してある他の月も見返して、つながりを探して矢印を引いてください。事例をお見せしますが、改めてノートに書く必要はありません。

例　3月に出会ったAさんと、5月のセミナーで一緒に登壇することになった。

例　2月に書いた「年内に副業をはじめる！」という決意から3カ月経って、事業計画を完成させることができている！

つながりを見つけたら、ウィークリー振り返りと同じように、何が成功の鍵となっているかを考えてみてください。もし何か見つけたら空いているスペースにメモしてください。

例　4月の気づき「妥協するとつまらなくなる。こだわってみよう」が、その後の行動に影響して、仕事が楽しくなってきた。引き続き、こだわってみよう。

例　5月にキャパオーバーして体調を崩したことから、6月以降に健康管理を頑張って、だいぶ安定した。痛い目を見たからこそできたこと！

マンスリーページは、年末に1年全体を振り返ってみることで、より「つながり」が見えてきます。年末には、1年分を振り返ってみてください。

③マンスリー振り返り（STEP3）まとめを書く

STEP1と2で振り返ったあとに、何か気づいたことや、やってみたいと思ったことがあれば、一番右のメモ欄に書いてください。

例　転職して半年。だいぶ慣れて、仕事に集中できるようになっている。

例　断捨離をあと1カ月で終わらせる！

例　振り返りの習慣で、だいぶ気持ちが前向きになった！

マンスリー振り返り全体を見返して、大事なキーワードはハイライトして目立たせるのもおすすめです。自分好みにカスタマイズして、見返したときに、あなたの気持ちが上がるようなページに育てていってみてください。

このマンスリー振り返りは、大きな決断をしたいとき、迷いや不安が出たときに見返すことで、あなたに大切なヒントをくれるでしょう。

（マンスリー振り返り　サンプル）

	内面	行動	結果	MEMO
1月	✓遠慮をしてしまうときの自分が好きではない。もっと自分らしくいたい。	✓リーダーシップのワークショップを社内で開催。3カ月続けてみよう。	✓北川さんとの出会い。いいパートナーになれそう！	人との出会いは大事なチャンス
2月	✓体調大事。コンディションを整えるリズムを作ろう	✓腰痛悪化して、運動療法に通うことになった。 ✓社内の女性コミュニティにはじめて参加	✓コーチングを受けて、今の課題を言語化できた。 ✓部会で司会を担当することに。	2月は毎年体調崩しやすい？
3月	✓他人軸と自分軸のバランス ✓体と心が整えば頭も整う ✓綺麗になりたい！	✓苦手なネットワーキングを頑張って、知り合いを増やした。 ✓家族で岩手に旅行。宮沢賢治よかった。	✓3カ月のリーダーシップワークショップが終了。頑張った。 ✓期末評価。まぁまぁ。	仕事とプライベートのバランス取れた
4月	✓ワークショップは私のライフワークかもしれない。 ✓退職者が多くて焦り！？	✓部署で新しいメディアを立ち上げることを提案 ✓自転車を買って運動開始！	✓リーダーシップのワークショップが好評でよい口コミが増えている。	今後のキャリアにモヤモヤ
5月	✓人と違う自分の良さを見つけたい。 ✓コツコツ続けるの得意かも	✓英語のテスト勉強頑張った。 ✓腰痛の運動療法で改善傾向！	✓全社集会でリーダーシップワークショップについて話した！ ✓英語のクラスが上級に上がった	行動ができていてGood！
6月	✓新しいことをはじめると、人間関係のバランスが変化して、落ち着かなくなる。 ✓肩の力を抜く	✓SNSカンファレンスに出席 ✓社内のサウナ部に参加。	✓部署で新しいメディアを立ち上げることになった！	行動してみることは正義
7月	✓コンセプトメイキングが好き。もっと強みにしていきたい。	✓新メディア立ち上げでコンテンツ作りを頑張った。5本の記事と、インタビュー動画1本。	✓上半期のチーム賞を受賞！！ ✓入社して丸3年になった。	3年頑張って自分の価値を作れてきた
8月	✓他人に合わせすぎないで、「自分」をもっと育てていく。 ✓自分は何をGIVEできるか？	✓かよちゃんと屋久島に旅行。最高だった。 ✓プロフィール写真を撮影	✓部会で新メディアを評価してもらえた ✓インスタグラムのフォロワーが2,000人達成！	もっと自分を出せる人でありたい
9月	✓I deserve it ！ ✓絶対に動画。	✓インスタグラムにリールを投稿してみた。閲覧数が3,000！	✓新メディアに日経新聞から取材依頼がきた！コメントが新聞に載る。 ✓残業増えて体力ダウン	体力つけたい
10月	✓ストレスをためない。体と心の声にもっと耳を傾ける。	✓リーダーシップワークショップ2回目を開催。参加者30人！ ✓30分の早起きをはじめてみた。	✓マネジャー昇進の打診がきた。来年1月に昇進？ ✓体重が1キロ増えた‥	マネジメントの勉強をしてみたい！
11月	✓いいものは茶化さない。 ✓信頼して、自分を出してみる ✓信じる力	✓新メディアのアクセス数を増やす施策を実施。来年1月には数字に表れるか？ ✓会議での話し方を改善中。	✓誕生日のお祝いをしてもらった。幸せすぎる！！	モヤモヤ抜けた！？できることをやる！
12月	✓日本の文化を世界に広める仕事をしてみたい！！	✓来年の昇進に向けて部の方針を考えてみた。 ✓毎年恒例、優子とご褒美旅行で京都に。	✓後輩の小川と渡辺の2人がチームリーダに昇進！嬉しい！ ✓年度末の納会盛り上がった	自分の想いを言語化できるようになっている

9 「抽象」と「具体」をいったりきたりして現実を動かす

振り返りでは、抽象と具体をいったりきたりすることがとても大切です。抽象化だけだと、理屈ばかりの頭でっかちになり、具体化だけだと、やみくもに行動をする千本ノックになってしまいます。抽象化で思考力を鍛え、具体化で行動力に落とし込む、という両方を一緒にやっていきましょう。

組織行動学者のディビッド・コルブが提唱した経験から学ぶ「経験学習理論」というものがあります。こちらのモデルは、経験から人はどうやって学ぶかを4つのプロセスで説明しています。

次ページの図を見てください。上の段の「能動的実験・具体的経験」は実際に動くこと、下の段の「内省的観察・抽象的概念化」は実際の経験から学んでいくことです。この2つのモードが循環することが大切だと説いています。
上の段だけだと、這い回る経験主義になってしまい、下の段だけだと、実世界では何も変えられません。

もっと簡単に言うと……

行動から学ぶ。
学んだことを行動してみる。

このサイクルを作っていくことが、経験から学ぶうえでとても大切なポイントになります。振り返りを続けていると、このサイクルが自然と身についていきます。そのため、本人は気がついていなかったりするのですが、気づきと行動が着実に増えてい

コルブの経験学習モデル

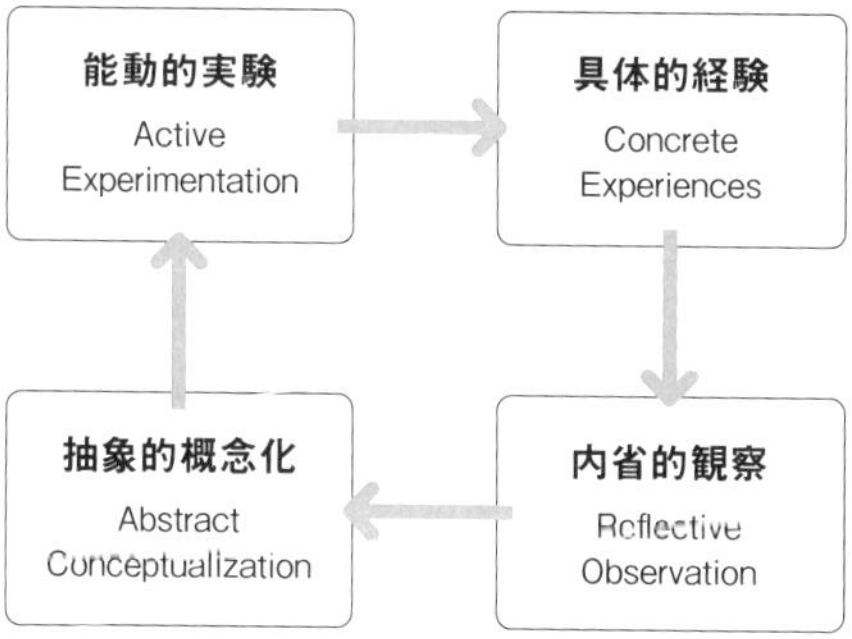
能動的実験
Active
Experimentation
具体的経験
Concrete
Experiences
内省的観察
Reflective
Observation
抽象的概念化
Abstract
Conceptualization

出典：Kolb, D. A. (1984) Experiential Learning: Experience as the Source of Learning and Development, Prentice Hall.

きます。

こんな方がいました。

子どもが生まれる前までバリバリと仕事をして、子どもが生まれてからは旦那さんの不動産業をサポートしてきたTさんです。

子育てもひと段落し、人生の後半をどう生きたいかを考えはじめていました。人生に大きな不満があるわけではない。けれども、どこか「自分」を生きている感じがしない。こんな気持ちを抱きながら暮らしていました。そんなときに、振り返りをはじめました。

Tさんは、自分のしたいことを探すために、興味があった読書会や、コーチングに参加するようになりました。はじめてのことへの挑戦です。

ただ、Tさんは、「いい年をした大人が本気でやりたいことを探すこと」や、葛藤したり七転八倒することを、心のどこかで「ダサいこと」「人に見せてはいけないこと」だと思い込んでいました。さらっとそつなく生きていくのが「いい大人」だと思っていたのです。

そんな自分のメガネの存在に気がついたのは、ノートにこんな言葉が並んでいるのに気がついたときでした。

●「転んでもタダでは起きない」というFさん、見た目に反して強くてかっこいい。
●Mさんが「ドロドロの自分の内面に向き合って、おえ〜ってなる」とのこと。そんなに？　すごすぎる。そしてそんな風に見えない。
●「中途半端でいい。まずは自分を表現してみる。必ず学びがある。学びながらでいいよ」と言ってもらった。完璧にしてからと思っていたけど、気楽にいけばいいんだ。

行動していく中で出会った素敵な人たちは、みんなジタバタしながら、たくさんの葛藤を乗り越えていました。そういう人たちを見ていると、ダサいと思うどころか、尊敬してしまう。そんなことがノートにたくさん書かれているのを見て、Tさんはこれまで自分がかけていたメガネに気がつくのです。

「大人も、葛藤していいんだ、さらけ出していいんだ。さらっとそつなく、傷つくのを避けて生きるのが『大人』だと思っていた。そうじゃなかった」

自分の行動を狭めていたメガネに気がつき、Tさんは積極的に自分の想いを言葉にし、行動に移していくことができるようになりました。そして、Tさんが大切にしていた「読書」「人との対話」をかけ合わせた場所として、私設図書館をオープンすることにしたのです。

Tさんのようにウィークリーとマンスリーの振り返りを続けることで、抽象化と具体化をいったりきたりする習慣ができてきます。

毎日の記録は、具体的事象ですが、1週間分の記録を振り返るときに、自分の傾向や特徴を言語化しまとめ（抽象化）、そこからさらに行動に落とし込んでいきます（具体化）。これを繰り返すことで、自分の

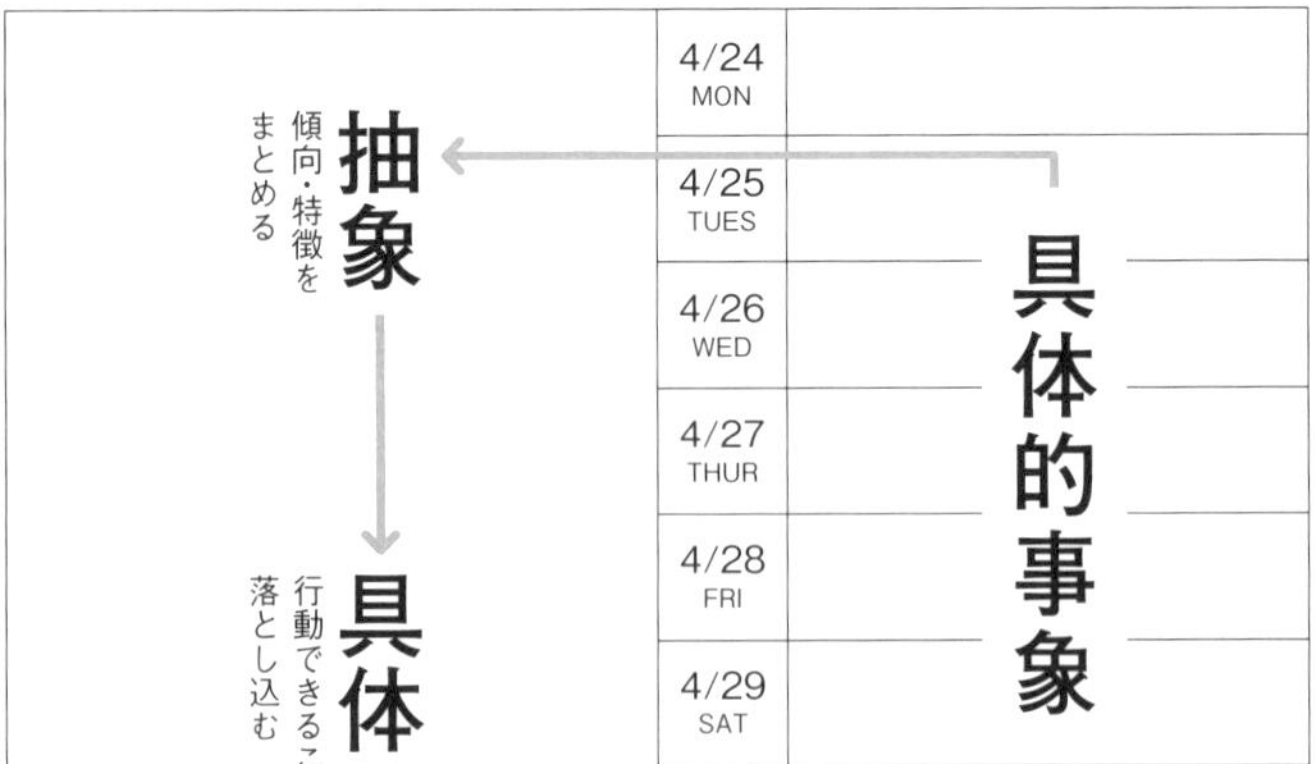

行動から学び、学んだことをさらに行動してみる、というサイクルができてきます。

このサイクルができると、書きっぱなしで終わらせず、書いたことを活かせるようになり、現実がどんどん変化していきます。

第5章

習慣化のコツ

1 振り返りを大変なことにしない

「振り返りましょう」と聞くと、静かな環境を用意して、しっかりと机に向かえる時間を確保しないといけないと考えていませんか？

毎日の忙しい生活の中では、時間に余裕がないことがほとんどです。だから、振り返りを大変な作業にしてしまうと、続けることはできません。いかに大変なことにしないかが、習慣化のために一番大切です。

おすすめは、「振り返り時間」を毎日しっかり設けるのではなく、隙間時間を使って振り返るクセをつけることです。電車での移動中、次の会議がはじまるまでの時間、人を待っている間の時間……。数分の隙間時間は探せばたくさんあるものです。その隙間時間にパラパラとノートをめくってください。

「先週はこんなことやってたな」「あれ、この人に連絡しようと思っていたのに忘れた」

「このアイデアやっぱりいいかも。動いてみようかな」と、こんな風に、ノートに書いてあることを思考や行動のヒントにするだけでも、立派な振り返りになります。

1回を完璧にやるよりも、パラパラとノートをめくって、ライトに振り返る頻度を高めていくことをおすすめします。

本書の冒頭にも書きましたが、あなたのノートに書かれたことは、すべてあなたの財産です。あなたが出会った人、あなたがした経験、あなたの考え、あなたの想いなど、財産はたくさんあります。しかし自分がどんな財産を持っているかをわかっていないと、使いようがありません。だから、自分の財産を確認するためにも、ノートを何度も開いて、見返すことが大切です。

「何か使える財産ないかな?」という気軽な気持ちで、パラパラとページを開いてみてください。この小さな習慣が貯金のように、あとでジワジワと効いてきます。

2 仲間と一緒に振り返る

悩み絡まって頭がごちゃごちゃしているときに、友達に話したらスッキリと整理できたという経験はないでしょうか？

人に「話す」ことで、一人で書いていたときには出なかった言葉が出てきたりします。

「書く」と「話す」は、違う脳を使います。

仲間と一緒に振り返りをするのもおすすめです。

週に1度3〜4人で30分ほどの短い時間で集まり、1週間の振り返りをしてみてください。他の人の話を聞けるのも、振り返り会の醍醐味です。「うまい、まとめ方だな」と抽象化スキルを学べたり、「そういう行動の選択肢もありなのか」と具体化の勉強になったりします。

そもそも、人に聞いてもらうだけで、癒される効果もあります。

1週間はあっという間に過ぎる短い期間に思えますが、それぞれの振り返りを聞くと、「人生は本当にいろんなことが起きるんだな」と驚きます。

自分の悩みなんて、ちっぽけなことに思えて、「よし！　頑張ろう！」というエネルギーが湧いたり、励ましの言葉をもらって行動する決意ができたりします。振り返り仲間から得られる刺激は、とてもパワフルです。

私はノートを使った振り返り会の開催をさまざまな会社内や組織の中で行っていますが、ある方は「飲み会の3次会で聞けるような話が、朝の15分で聞ける」と言っていました。人生の幅広さと深さを感じることができる時間になります。

もし近くに一緒にやる人がいない場合、私の主催しているワークショップで振り返り会を開催しているので、ぜひ参加してみてください。この振り返りで「はじめて、振り返りを習慣化することができた」という声も多くいただいています。

3 何度も同じことを書く自分が嫌になったら、ローマ皇帝を思い出す

「同じことを何度も書いてしまいます」

こういった悩みは、よく聞きます。

こういう方は、何度も同じことを書いても変われない自分が嫌になってしまうのだそうです。

しかし、意識してから行動できるようになるまでには、時間がかかるものです。根深い思考パターンの場合は、1年以上かかることもあると思ってください。何度も書いているのは、変わろうとしているプロセスの中にいるのです。これは力強く伝えたいです。

はじめにでもお伝えしましたが、ローマ時代の五賢帝の一人である、マルクス・アウレリウスは、自分自身に言い聞かせる形式で日記を書いていました。その日記の中には、似

たようなことが何度も書かれています。正直なところ、「また、この話？」とあきてしまうくらいです。

例えば、「他人のことは気にせず、自分のやるべきことをやろう！」と自分に言い聞かせている言葉も何度も書かれていました。

- 外から起こってくる事柄が君の気を散らすというのか。それなら自分に暇を作って、もっと何か善いことを覚え、あれこれととりとめもなくなるのをやめなさい。
- 公益を目的とするのでない限り、他人に関する思いで君の余生を消耗してしまうな。なぜならば、そうすることによって君は他の仕事をする機会を失うのだ。
- 隣人が何を言い、何を行い、何を考えているかを覗き見ず、自分自身のなすことのみに注目し、それが正しく、敬虔《けいけん》であるようにおもんぱかる者は、なんと多くの余暇を得ることだろう。

きっと、頭ではわかっているけれど、実践までいかないから、何度も書いたのではないかと推測します。できていることはもう、言い聞かせる必要がないわけですから。

五賢帝ですら、何度も書いているのです。いわんや私たちをや！

何度も書いてしまう自分を許してあげてください。自転車に乗る練習をしているときに「何度も転んじゃう」と言っているようなもの。何度も転んで、はじめて乗れるようになるのです。

行動まで落とし込むには、時間がかかって当然です。変わろうとしている大切なプロセスの最中なのだと思って、自分を温かく見守ってあげましょう。

4 つい反省してしまう人は哲学モードへ切り換える

振り返りをするときに、つい自分のダメなところばかり見えて、反省モードになってしまう方も多いです。

反省は成長のために大切だと思われていますが、振り返りが苦しいものになってしまい、習慣化に挫折する大きな原因になりえます。

なるべく反省モードはやめていただきたいのですが、ついやってしまう方におすすめしたい方法があります。

それは、「私って、〇〇」という反省を、「人間って、〇〇」と言い換えることです。そうすると、自分という一人の人間の閉じられた反省モードから、一気に哲学モードになり、俯瞰して捉えることができます。

例　反省モード：私って、ほんと愚かだな
↓
哲学モード：人間って、ほんと愚かな生き物だな

この簡単な言い換えをすることで、見え方が変わりませんか？
自分一人の問題にしてしまうと、自分を責めてしまいがちですが、人間全体の問題にしてしまうと、弱さを受け入れる気持ちになって、違う解決策が見えてくることがあります。

例　反省モード：こんなことで落ち込むなんて、私は弱いな
↓
哲学モード：こんなことで落ち込むなんて、人間って弱いんだな
↓
哲学モード：人間なんてそもそも弱い生き物なんだから、ネチネチ責めるのをやめて気分を変えよう

いつでもこう考えましょう、と言いたいわけではありません。これは頭の中で、いろんな視点で見てみようという提案です。ついつい反省モードに入ってしまう方は、哲学モードという違う視点で見てみましょう。

5 挫折しても、筋トレのように何度も再開する

「一度やったことがあるのですが、続きませんでした」

よくこの告白を聞くのですが、何の問題もありません。

今日から、もう一度再開すればいいだけです。

筋トレと同じです。

あなたも、こんな経験はないでしょうか？

新年に「よし！　今年は毎日スクワットを20回やろう！」と心に誓ったけど、2月頃に風邪をひいてしまい、「今日は風邪だから休もう」となり、治っても再開せず、そのままやめてしまった。

多くの方が、ジョギングやスポーツジム通いなど、やってみたけど続けることができず

に、やめてしまったという経験をしていると思います。ノートを書くのも、振り返るのも同じです。

何度でも再開しましょう。

一度続かなかったくらいで、諦める必要はありません。もう一度、お気に入りの道具を揃えて、真っさらなページを前に新たな気持ちで書いてみましょう。

自分が続けやすい方法にたどり着くまで、いろいろ試してみてください。

例えば、書く時間はどうでしょうか？　夜だと疲れすぎてなかなか時間が取れないのであれば、朝に変えてみてください。

家だとつい他の用事を優先させてできないのであれば、場所を変えてやってみましょう。ノートが重すぎて持ち歩きたくないのがやめてしまった理由であれば、軽いノートを買ってみてください。

また、完璧にやろうとしていないでしょうか？

ノートが続かなかった方の話を聞くと、「毎日書くことができなくて嫌になった」「ノートを美しく書けなくて、嫌になってしまった」という完璧主義者が多い傾向にあります。

ここは性格によるものがあると思いますが、完璧にやることよりも続けることの方が大切だ、と自分に言い聞かせてください。

まずは習慣化していく。次に、進化させていく。この順番でやっていきましょう。誰しも最初から完璧にできる人なんていません。ステップを踏んでいくのです。

習慣化するには、いかに大変なことにしないかが鍵となります。

文章になっていなくても、キーワードだけ書いてもOKにする。

綺麗な字じゃなくても、自分が読めればOKにする。

細かいことは気にせず、自分が続けやすい方法を見つけることを最優先にしてください。

第6章

振り返りのその先へ

1

想いを何度も確かめ、諦めない力を育てていく

ウィークリー、マンスリーの振り返りを続けていると、自分にとって大事なことが書かれているページが増えてきます。そういう箇所は、目立つように色をつけたり、すぐにページを開けるように付箋をつけたりしてください。そして、バイブルのように何度も何度も見てください。自分の想いを育てることができます。

ジャンヌダルクのように、ある日突然雷が落ちたようにドーンと使命が降りてくる人なんて、そうそういません。想いは自分で育てていくのです。そのときにノートが役立ちます。

大切な想いを何度も自分に言い聞かせて、細胞まで染み込ませていきましょう。

行動していくと、何度も心が揺さぶられることがあると思います。「私は、本当にこれをやりたいんだっけ？」「何を求めていたんだろう？」と、迷いが出てくるときもあるでしょう。それを乗り越えるたびに、想いは強くなっていきます。

公務員として官庁に36年勤めていたKさんの事例を紹介します。

仕事はやりがいがあり、安定もしていました。本人も、定年まで働くものだと思っていたのですが、大きな転機が訪れます。新しい部署に異動して半年過ぎた頃のことです。Kさんは、新しい部署での人間関係がうまくいかないこと、そして、仕事内容にやりがいを感じられないことから、モヤモヤした毎日を過ごすようになったのです。

このモヤモヤを解消するために、Kさんはワンデー振り返りで自分の本音を言語化してみました。そうしたら、今の環境に対して「怒り」と「悲しみ」を抱えていることがわかりました。言語化できると、晴れなかった気持ちがスッと消えて、内なる声を素直に受け入れることができたそうです。

Kさんは、ウィークリーの振り返りも続けていたのですが、飾らずに素直な気持ちを書くようにしてみました。その頃のノートには「やってられるか！」「くそったれ！」といった言葉が並んでいたそうです。

不思議なもので、自分の内なる声を振り返っていたら、だんだん怒りの気持ちが薄れてきました。そして、この怒りの原因となった、上司に感謝する気持ちすら生まれてきたそうです。

自分の中にある毒づいた本音を受け入れることで、Kさんの中に前向きな想いが生まれてきました。

現状に甘んじるのではなく、新たな道に進もう。

こう考えたKさんは、家族に相談したり、経済的なことを検討したり、しはじめました。もちろんいろんな葛藤がありました。59歳で本当に転職ができるのか？　うまくいかなかったらどうしよう……。本当にやりたいことなんて見つかるのだろうか？　自分が辞めたい本当の理由は何か？

こういった迷いが出るたびに、Kさんはノートを振り返り、自分の想いを確かめました。

ある日、長年通っている理容院のマスターに辞めることを迷っているという話をすると、「人生1回きりですよ」と言われ、Kさんの心は固まりました。

新たな道に挑戦してみたい、という自分の想いを実現することに決めたのです。
そして年末に辞めることを人事に届け出ました。

あなたのノートの中にも、大切な想いが書かれていると思います。
ノートに書いてある自分の想いを何度も確かめることで、諦めない胆力がついてきます。

2 矢印の向きを変えてみる

「毎日記録をしていますが、ただの日記になってしまっています」

こんな悩みをよくいただきます。そういう方は、矢印の向きを気にしてみてください。

矢印の向きは、内側と外側の2方向あります。


矢印が外側に向いているときは、次のように自分の外で起きた出来事に着目しています。

- 〜に行った
- 〜と会った
- 〜を食べた

矢印が内側を向いているときは、次のように、自分の内なる声に着目しています。

・今度〜してみたい
・〜というアイデアを思いついた
・Aさんに〜を提案してみよう

「ただの日記になってしまう」という方は、出来事だけに着目している場合が多いです。
矢印が外を向いていることが多く、自分に対する発見が少なくて物足りなさを感じるのでしょう。そういう場合は、矢印の向きを内に向けてみてください。

外側の矢印と内側の矢印のバランスをよくすることが大切なのではありません。

矢印の向きは2方向あるということを覚えておくことが大切です。そうすることで、自分で矢印の向きを変えることができます。

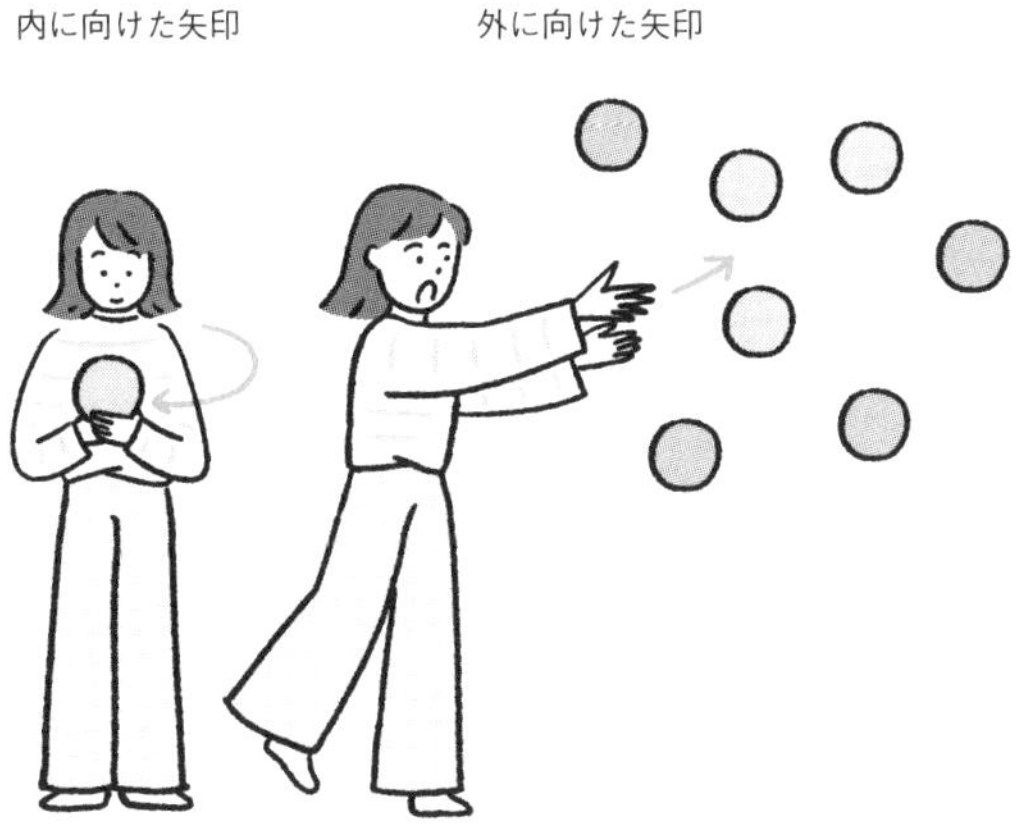

3 自己対話をして、自分といい関係を築く

本書でお伝えしている振り返りは、自分に問いかけて自分で答えるということを繰り返しますが、これは自分自身との対話とも言えます。私は自己対話と呼んでいます。

この自己対話のラリーを続けることで、自分とうまく付き合うことができるようになっていきます。

振り返りをはじめると、いろんな内なる声が聞こえてくると思いますが、内なる声はいつも正しいとは限りません。

超えてはいけないラインを超えて、罵倒してくることもあるでしょう。

不安をやたらと煽って、行動を止めてくることもあるでしょう。

サボッちゃえばいいじゃんと、そそのかしてくることもあるでしょう。

こういった内なる声に対して、言われっぱなしになる必要もないし、無視する必要もあ

りません。ただ、対話すればいいのです。

「言いすぎじゃない？」

「それって本当？」

自分の内なる声と対話することで自分なりの答えを出し、うまく自分と付き合うことができるようになります。

私が2010年にノートによる振り返りをはじめたときは、ネガティブな内なる声に言われっぱなしでした。何かをミスすると、こんな声で自分を責めていました。

「だから、ダメなんだよ。ダメダメ。こんなこともできなくて、お先真っ暗だよ」

文字に起こしてみると、言いすぎってことがわかるのですが、頭の中ではパニックです。そうか、私はやっぱりダメなんだと、自分の内なる声にやられて、さらに落ち込むことが何度もありました。言われっぱなしだった私は、自分の内なる声に無力だと思っていたのです。

でも、ノートの振り返りをはじめてから、徐々に自分自身と対話ができるようになってきました。

例えば、自分を鼓舞するために、こんな風に励ましてみました。

「ミスしたけど、対処法を学べたから、もういい！　落ち込むのはやめやめ！」

でも、私の内なる声はしつこいので、それでも、まだ言ってくるときがあります。

「こんなことが学び？　アホみたいな学びだね」

辛辣ですよね。他人には決して言わないようなことも、自分には平気で言えちゃうものです。

また打ちのめされそうになりますが、もうひとラリー続けてみました。

「そうかもね。でも、アホみたいな学びだとしても、1個1個学んでいくしかないじゃん！　永遠に学ばないより、今日学べたから良し！」

ここまでくると、内なる声も静かになっていきました。

こうやって、ただ言われっぱなしになるわけでもなく、無視するわけでもなく、自分の声にちゃんと答えていくことで、自分の納得する答えにたどり着くことができるようになります。

例えば、転職や起業、何か大きな挑戦をするときなど、人生において大きな決断をするときは、誰しもが葛藤を抱くと思います。

- 本当に大丈夫なんだろうか？
- 想定外のことが起きたらどうしよう？
- 家族はどう思うだろうか？
- 後悔しないだろうか？

こういった葛藤の中で自分の答えを出していきます。

このように自分と対話して、納得する答えを導くことを、習慣としていくことで、自分自身が最高の対話相手になっていきます。

4 抽象化のレベルを上げて、視座を変えてみる

第2章でお伝えした抽象化スキルは、着目すべきものを抜き出してまとめる、というやり方をしましたが、抽象化はもうひとつのやり方があります。それは、抽象度のレベルを上げて視座を変える、というやり方です。

抽象化① 抜き出す

ウィークリー振り返りの中でお伝えした抽象化は、このやり方になります。

ある特定のものに着目して、共通点や法則をまとめます。この方法によって、自分の内面の特徴（例えば、強みや関心といったもの）を言語化し、自分という人間を理解しやすくなります。

抽象化② 視座を変える

抽象度にはレベルがあります。この抽象度のレベルを上げると、視座が高くなります。例えば会社の場合、このようなレイヤーがあるとします。

- 新卒社員の視点
- チームリーダーの視点
- 部署を束ねる部長の視点
- 部門を統括する役員の視点
- 会社全体の責任を負う社長の視点

左にいくほど視座が高くなり、より抽象度を高くして物事を捉え、判断する力が必要になっていきます。

振り返りをより深くやってみたいときは、抽象度を高め

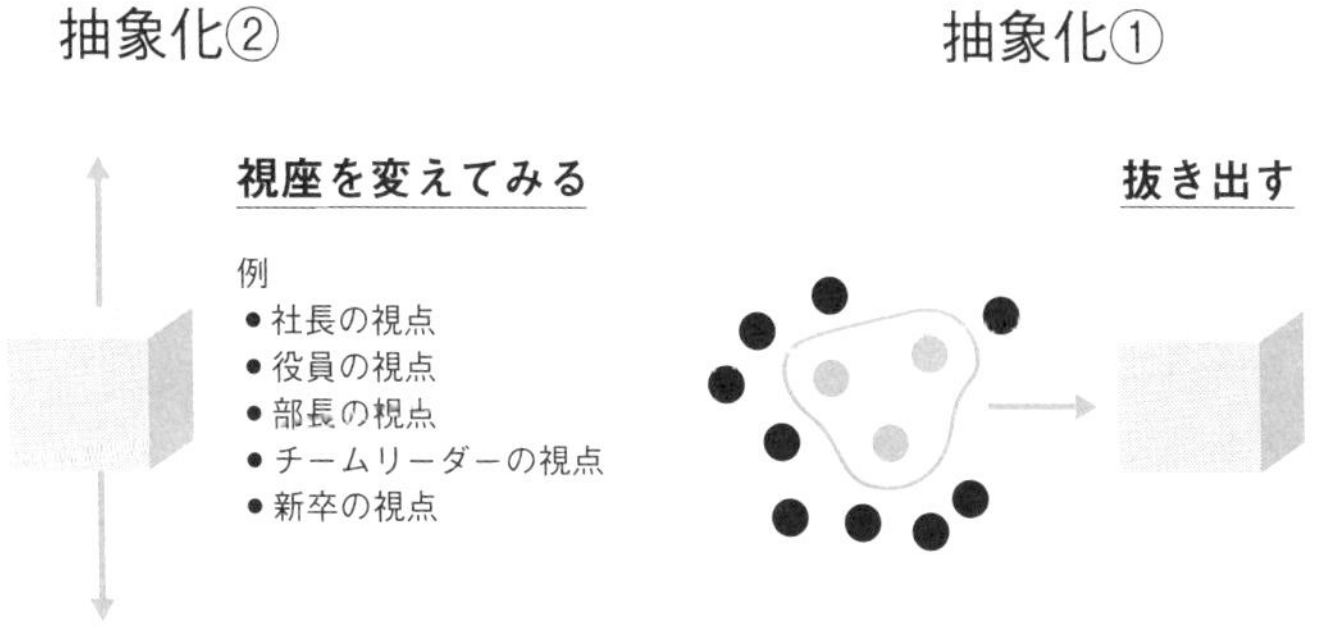

て、視座を高くしてみてください。例えば、あなたが「チームリーダー」の場合、いつもより一段視座が高い「部署を束ねる部長」の視点で考えてみてください（何段か飛び越えてもらっても、もちろん構いません）。そうすると、今まで見えなかったことが見えてきます。

例えば、チームリーダーの視点のときは、自分のチームのことだけを考えていたのに対し、部署を束ねる部長の視点で考えてみると、他のチームとの連携のことも考えないといけないことが見えてきます。

頭の中で視座を変える訓練をすることで、より広く物事を考えられるようになっていきます。「好きな偉人だったら、どう考えるか？」と考えてみるのも、視座を変える訓練になります。シミュレーションのように楽しみながら、やってみてください。

5 具体化のレベルを使いこなして、マネジメントで活かす

具体化スキルは、マネジメントにも活かすことができます。

指示を出すときに、そのメンバーのレベルに合わせた具体化ができると、自分が求めているものが出てくるようになります。逆に、具体化のレベルが合っていないと、まったく違うものが出てきてしまう可能性があります。

例えば、こんなシーンを想像してみてください。

あなたがリーダーで、メンバーに「カレーを作って」と指示を出したとします。あなたの思っている「カレー」は、欧風のビーフカレーだとします。

あなたの「カレー」を知っているメンバーであれば、「カレーを作って」という指示だけで、欧風のビーフカレーが出てくるでしょう。

でも、あなたの言う「カレー」を知らないメンバーだったら、グリーンカレーを作ってきてしまうかもしれません。出てきたカレーを見て、指示を出したあなたの方が驚いてしまいます。「えっ？これはカレーじゃない！　なんだ、これは！」と。

カレーにたとえると、笑い話に聞こえるかもしれませんが、こんなことは、仕事でよく起きることです。言った通りの資料になっていなかった、自分が作って欲しい議事録じゃなかった、重要ではないことに時間を使っていた。上司からすると、こんなことまで教えないといけないのか、とがっくりする瞬間かもしれません。メンバーに考える力をつけて欲しいがために、「あえての」丸投げをする場合もあると思いますが、そうでない場合は、自分の具体化スキルを上げることで避けられたかもしれません。相手のレベルに合わせた具体化スキルを鍛えることで、マネジメント力はグッと高まります。

ノートの振り返りで、具体化スキルを上げていきましょう。

6　最高の未来に変える

本書は、振り返りを通じて、自分に何があるのかを見つけ出し、未来を変えていく方法についてお伝えしました。最後に、この「あるもの」について、もう一度考えてみたいと思います。

認識を通じて捉えたものだけが「あるもの」です。認識していないものは、自分の世界では「ないもの」になります。

認識が、自分の世界を作っているのです。

出来事は変えられないけれど、認識は100%自分次第。認識を鍛えていくことで、自分に「あるもの」が変わります。

本書の提案する振り返りは、この認識を鍛える方法でもあります。

認識という自分次第でいかようにも変えられるメガネを通じて、自分に起きた出来事の中に価値を見つけ出し、自分という素材から活かせそうなものを見つけ出す訓練をしているのです。

この認識の力を、私は振り返りをはじめる前はわかっていませんでした。

リーマンショックに、3・11の大地震……、次々と起きる想定外の出来事に翻弄され、運命に対して、自分にはなす術がないと思っていました。

でも、振り返りをはじめて、自分に変えられること、変えられないことの区別がつくようになりました。そして、起きたことは変えられないけれど、どう捉えるかは完全に自由だということがわかってきたのです。

運命はある。でも、無力じゃない。捉え方を変えることで、前を向いて生きていけます。

出来事に対する認識だけではありません。自分のこと

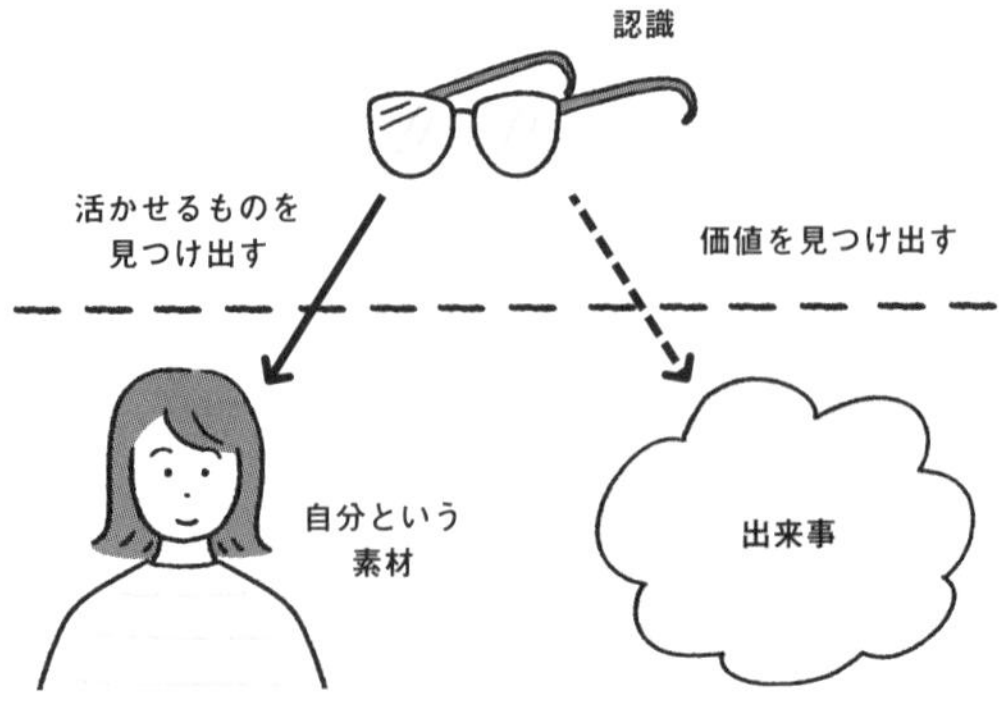

をどう認識するかも、自分次第ということがわかり、自分の中にある活かせるものを探すようになりました。

たとえ、その「あるもの」が、たいしたものじゃないとしても、自分に「あるもの」しか使えない。だから、「あるもの」の中から、芽が出そうなものを育てていこう。

こう考えることで、私は前よりもずっと自分を活かした生き方ができるようになっていきました。

これは、私だけではありません。

振り返りを続けている多くの方が体験しています。

1カ月や2カ月ですぐに変わるものではありませんが、着実に、出来事の捉え方が変わり、自分に何があるかが見えてきて、徐々に変化が起きてきます。

今日からはじめてみてください。

あなたの最高の未来がはじまります。

おわりに

数年前に読んだ『王様ランキング』（十日草輔　KADOKAWA）という漫画に好きなシーンがあります。

その漫画では、主人公の弟である第二王子が、世界で一番強い王になるべく日々訓練をしていました。

ある日、「これを飲めば、世界最強になれる」秘薬をすすめられます。

心底強くなりたいと思っていた王子は、その秘薬に強烈に惹かれてしまいます。

飲むだけで最強になれる？

そんなものがあるのか……!?

王子は怪しそうだと疑いながらも、どうしても気になってしまいます。

「想像してみてください。世界の王になるあなたを」

さらに追い打ちをかけられる王子。

飲もうか迷っているときに、修行していたときに家来に言われた一言を思い出します。

何ごとも決して楽な道などありませんよ。

この時間こそがあなたを作る。

周りにもそして何より己自身にだまされないように。

ハッと目が覚めた王子は、怪しい秘薬を飲むのを拒否するのです。

こんなシーンでした。

漫画では、秘薬を明らかに怪しい描き方にしていたので、読者からすると「飲むだけで最強になれる秘薬なんて、あるわけないじゃん」とすぐにわかります。
私もそう思いました。
王子、そんなの飲んじゃダメだよ。
だまされてるよ。
こう思いながら、読んでいました。

でも、考えてみたら、現実にもこんなことはたくさんありますよね。

3週間で生まれ変わる！
あなたの人生が輝き出す！
願うだけで叶う！

スマホを開けば、電車に乗れば、すぐにこんな謳い文句に出会います。
手っ取り早く最強になれるものが、世の中にはあふれています。

でも、本当は飲むだけで最強になる秘薬なんてない。

日々の行動だけが自分を変えるのです。


本書の振り返りも同じです。

この本を読んだだけで、新たな視点は得られるかもしれない。

でも、読んだだけでは、現実が変わるわけではありません。

実践することで、はじめて効果が出てきます。

だから、絶対にやってみて欲しいのです。

新たな秘薬を探しに行かずに、続けてみて欲しい。

毎日自分と対話し、内なる声を言葉にしていく時間は、自分自身を大切にする時間となり、前よりもずっと自分をうまく活かすことができるようになります。


「振り返り」と聞くと、わからない、楽しくない、続かない、というイメージを持っている方も多いと思います。

私は振り返りを、わかる、楽しい、続けられるようにしたいと思って、この本を書きました。

この本を読んでくださった方の振り返り習慣が、豊かな時間となるように願っています。

山田智恵

参考文献
- 『自省録』マルクス アウレーリウス（著）神谷美恵子（訳） 岩波書店
- 『無（最高の状態）』鈴木祐（著） クロスメディア・パブリッシング
- 『エフェクチュエーション』サラス サラスバシー（著）加護野忠男（監訳）高瀬進・吉田満梨（訳） 碩学舎
- 『感情は、すぐに脳をジャックする』佐渡島庸平・石川善樹 羽賀翔一（イラスト） 学研プラス
- 『具体と抽象 世界が変わって見える知性の仕組み』細谷功（著）一秒（漫画） ｄＺＥＲＯ
- 「経験学習の理論的系譜と研究動向」中原淳 日本労働研究雑誌 ＮＯ６３９
- 「教師教育におけるリフレクション養成の具体的技法の開発研究―コルトハーヘンの『省察モデル』を中心に―」上条晴夫 『東北福祉大学研究紀要』第36巻
- Plutchik's Wheel of Emotions –2017Update（https://www.6seconds.org/2022/03/13/plutchik-wheel-emotions/）
- "Skills of an effective administrator" Robert Katz, Harvard Business Review, 1974
- "Experiential Learning: Experience as the Source of Learning and Development," Kolb, D. A. Prentice Hall

読者プレゼント

本書に掲載されている「3種類の振り返りフォーマット」がダウンロードできます。

下のQRコードからダウンロードしてください。

※プレゼントの配布は予告なく終了することがありますので、あらかじめご了承ください。

※このプレゼント企画は、DAIJOBU inc が実施するものです。この企画に関するお問い合わせは、下記HPまでお願いします。

「振り返りメソッド」に関する情報やイベントはInstagramでお知らせしています。

興味ある方はぜひフォローお願いします。

MEANINGNOTE

公式HP｜https://meaningnote.jp/

【著者紹介】

山田　智恵（やまだ・ともえ）

◉——株式会社ダイジョーブ代表取締役。1977年に東京で生まれ、慶應義塾大学法学部・慶應義塾大学大学院経営管理研究科（MBA）を卒業。父親が経営する会社に入社するも、2009年にリーマンショックの煽りを受けて、民事再生を申請。創業者である父と家族全員が会社を去ることとなり、一家全員無職になる。

◉——人生に絶望するも、2010年からノートを使った振り返りをはじめ、そこから人生が好転。転職した一部上場企業ではソーシャルメディア事業部部長として活躍し、外資系ベンチャー企業の役員を同時に務め、日本で初めてインスタグラム・マーケティングの本も出版する。

◉——2016年に株式会社ダイジョーブを起業。自身が実践していた、自己理解を深める内省手法を「ミーニング・ノート」というメソッドにまとめ、講演やワークショップを実施している。著書に『ミーニング・ノート 1日3つ、チャンスを書くと進む道が見えてくる』（金風舎）、『できる100の新法則　Instagram マーケティング』（インプレス）（共著）などがある。

最高《さいこう》の未来《みらい》に変《か》える　振《ふ》り返《かえ》りノート習慣《しゅうかん》

2024年4月9日　　第1刷発行
2024年6月6日　　第3刷発行

著　者——山田　智恵
発行者——齊藤　龍男
発行所——株式会社かんき出版
東京都千代田区麴町4-1-4 西脇ビル　〒102-0083
電話　営業部：03(3262)8011㈹　編集部：03(3262)8012㈹
FAX　03(3234)4421　　振替　00100-2-62304
https://kanki-pub.co.jp/

印刷所——シナノ書籍印刷株式会社

ISBN978-4-7612-7734-5 C0030